Vom kleinen und vom großen Glück
Hallesche Universitätspredigten 2012–2016

Für Generalsuperintendent Martin Herche,
den beharrlichen Unterstützer der Universitätsgottesdienste,
mit Dank für manche Starthilfe während der
gemeinsamen Hallenser Zeit

Jörg Ulrich

Vom kleinen und vom großen Glück

Hallesche Universitätspredigten
2012–2016

VERLAG JANOS STEKOVICS

INHALT

Vorwort 7

Siegeslied (22. April 2012)
Offenbarung 14,1–5 9

Animation (8. Oktober 2012)
Johannes 20,19–23 14

Zwischen gestern und morgen (13. Januar 2013)
Hebräer 13,7–9b und 12–14 19

Andachtsraum (7. Juli 2013)
Markus 11,15–18 24

Eingangstür (8. April 2013)
Johannes 10,1–10 29

Nacht zum Tag (7. Oktober 2013)
1. Mose 1,1–5 35

Alleskönner (7. April 2014)
Markus 9,17–27 40

Glückskind (13. Oktober 2014)
1. Mose 50,15–26 46

Glückstreffer (22. Januar 2015)
1. Samuel 17 in Auswahl   51

Hochzeitsgarderobe (14. Juni 2015)
Kolosser 3,12–17   57

Schuldenschnitt (5. Oktober 2015)
Lukas 16,1–18   62

Wahre Verwandte (4. April 2016)
Markus 3,31–35   67

Feindliche Brüder (3. Juli 2016)
1. Mose 4,1–16   72

Meister des Evangeliums (30. Oktober 2016)
Römer 3,28 / Kantate BWV 139   77

Gnade (30. Januar 2014)
Semesterabschlusspredigt im Evangelischen Konvikt
Johannes 1,16–18   81

Vor dem Fest (14. Dezember 2014)
Adventsandacht, Nikolaikirche Leipzig   85

Glaube, Hoffnung, Liebe (21. Januar 2016)
Beerdigung von Bärbel Budde
1. Korinther 13,13   88

Grund zur Zuversicht (9. Juli 2016)
Taufe von Anna-Sophie Harman
Psalm 91   92

Impresum   96

Vorwort

Dieser Band, Nachfolger der „Photometeore" (2003–2007) und der „bunten Gnade Gottes" (2007–2011), versammelt die Predigten, die ich als Universitätsprediger der Martin-Luther-Universität Halle-Wittenberg in den Jahren 2012–2016 gehalten habe. Sie werden ergänzt um einige Kasualansprachen.

Herzlicher Dank gebührt dem Rektorat, den Kollegen und Studenten meiner Universität sowie den Kirchenleitungen und Kirchengemeinden, die die Universitätsgottesdienste in Halle und Wittenberg engagiert unterstützen.

Gedankt sei den studentischen Hilfskräften, die als Universitätsgottesdienstvorbereitungsgruppe UGDVBG die Infrastruktur der Gottesdienste zuverlässig bereitgestellt haben: Luise Weber-Spanknebel und Malina Teepe als Küsterinnen, Ralf Malke und Johann Friedrich Röpke als Musikkoordinatoren, Nils Bührmann und Lina-Marie Ostertag als Plakat- und Faltblattdesigner. Dem Verlag Janos Stekovics danke ich für die abermals vorzügliche Betreuung der Drucklegung.

Predigten leben immer auch von der Inspiration durch andere. Im vorliegenden Band sind, ohne dass das je eigens ausgewiesen würde, hie und da Bilder und Formulierungen aus Predigten von Rüdiger Lux, Christoph Markschies, Reiner Preul und Michael Trowitzsch mittelbar eingeflossen. Die gelegentlich eingestreuten humoristischen Passagen, die ich als Ausdruck und Illustration des Rechtfertigungsglaubens verstehe, sind inspiriert von Texten großer Humoristen wie Loriot oder Robert Gernhardt sowie – allen Ernstes – von Monty Python.

Ob Predigten für ihre Hörer und Leser zu Glückstreffern werden, liegt nicht in der Hand des Predigers. Die zahlreichen nachdrücklichen Bitten um Drucklegung, die mich erreichen, lassen Raum für die Hoffnung, dass der Heilige Geist sich dieser Predigten hin und wieder bedient haben könnte.

Halle (Saale), zu Weihnachten 2016   Jörg Ulrich

Siegeslied

Predigt zum Universitätsgottesdienst am 22. April 2012
Laurentiuskirche Halle (Saale)
Offenbarung 14,1–5

Und ich sah, und siehe, das Lamm stand auf dem Berg Zion und mit ihm hundertvierundvierzigtausend, die hatten seinen Namen und den Namen seines Vaters geschrieben auf der Stirn. Und ich hörte eine Stimme vom Himmel wie die Stimme eines großen Wassers und wie die Stimme eines großen Donners, und die Stimme, die ich hörte, war wie von Harfenspielern, die auf ihren Harfen spielen. Und sie sangen ein neues Lied vor dem Thron und vor den vier Gestalten und den Ältesten; und niemand konnte das Lied lernen außer den hundertvierundvierzigtausend, die erkauft sind von der Erde. Die sind's, die sich mit Frauen nicht befleckt haben, denn sie sind jungfräulich; die folgen dem Lamm nach, wohin es geht. Diese sind erkauft von den Menschen als Erstlinge für Gott und das Lamm, und in ihrem Munde wurde kein Falsch gefunden; sie sind untadelig.

Liebe Universitätsgemeinde,

so seh'n Sieger aus. „We are the Champions, my Friend". Ein Siegeslied stimmt der Seher Johannes an für die 144 000, die dem Lamm gehören. Eine Siegesmelodie weht von der griechischen Insel Patmos heute Abend herüber hierher nach Halle. Vertraute Laute? Ein Siegeslied, ja, aber nicht eines der üblichen, also nicht so eines, wie wir es im kommenden Sommer in Deutschland achtzigmillionenfach singen werden, wenn wir nach 16 langen Jahren endlich wieder Europameister geworden sein werden. Nein, heute haben wir es mit einem etwas anderen Siegeslied zu tun, es kommt mit zarten Tönen daher, ein ganz spezieller Klang ist das und ein besonders interessanter dazu.

Was hat es auf sich mit den Siegern, denen das Lied des Sehers gilt? Was sind das für Leute, die mit dem Lamm oben auf dem Zion stehen wie auf einem Siegertreppchen? Es sind mir drei Dinge an ihnen aufgefallen.

Das Erste, was mir aufgefallen ist: Die Sieger vom Zion haben einen Herrn, dem sie gehören. Die Sieger vom Zion sind diesem und keinem anderen Herrn zu eigen. Und man sieht ihnen das auch an. Sie hatten den Namen des Lammes und den Namen des Vaters geschrieben auf der Stirn. Ein ziemlich drastisches Bild: Nicht eine einfache Bemalung ist gemeint, die man wieder abwaschen kann, so wie die schwarz-rot-goldenen Schminkstreifen, die einige von uns, ich zum Beispiel, sich während der Europameisterschaftsspiele der deutschen Mannschaft auf die Wangen auftragen, die ich aber, damit ich mich auch am nächsten Tag an der Uni noch einigermaßen sehen lassen kann, nach dem Spiel wieder abwaschen werde – nein, der Name des Vaters und der Name des Lammes sind den Siegern vom Zion unabwaschbar bleibend eingeschrieben, eingebrannt wie das Brandzeichen auf dem Fell eines Schafes, oder, etwas moderner, wie der Mikrochip hinter dem Ohr eines Rindviehs.

Diese Sieger wissen, wo sie hingehören. Und selbst wenn sie sich einmal verirrt, verlaufen oder verrannt haben sollten in dieser oder jener Situation oder in ihrem Leben insgesamt – das Zeichen des Lammes bleibt ihnen auch in Krisen, Not und Tod erhalten und es gibt auch dann immer noch Auskunft darüber, zu wem sie gehören. Sie gehören Gott, der seinen Anspruch auf sie geltend macht mit Donner und Kraft. Sie gehören dem Lamm, das zum Klang der Harfe, dem Instrument der Herrscher und Könige, den Sieg, den es errungen hat, mit ihnen teilt.

Das sind starke, lebendige Bilder, liebe Gemeinde, die letztlich in einem einzigen Gedanken zusammenlaufen: Die Sieger vom Zion gehören einem Herrn, der sie niemals irgendjemand anderem überlässt. Auch sich selbst übrigens nicht. Man mag das Bild vom Herrn und seinem Besitz unzeitgemäß finden, es mag der Vergleich mit dem Gutsherrn und seinem Rindvieh nicht übermäßig charmant anmuten: Aber wer sich in seinem Leben schon mal vorgekommen ist wie ein verirrtes Schaf, das nicht mehr so recht weiß, woher und wohin, oder wer sich in seinem Leben schon mal so aufgeführt haben sollte, dass er hinterher im Stillen so was Ähnliches wie „Ich Rindvieh!" über sich selbst gedacht hat, der wird einigermaßen einschätzen können, wie gut es ist, dass wir dieses Zeichen tragen. Sie hatten den Namen des Lammes und den Namen des Vaters geschrieben auf der Stirn. Gut zu wissen, wo man hingehört im Leben und im Sterben.

Zweitens: Die Sieger vom Zion sind religiös musikalisch. Sie haben einen Zugang zu Text und Melodie des Liedes. Sie kennen die Worte. Sie treffen die

Töne. Sie können das singen. Diesen Zugang findet man nicht von selbst. Niemand konnte das Lied lernen außer den 144 000. Das heißt doch wohl, dass es jedenfalls nicht an mir liegt, ob ich dem Herrn, meinem Gott, zugehöre oder nicht. Das heißt, dass es mir gegeben, dass es ein Geschenk ist, in die Melodie einstimmen zu können. Was der eine als kaum entzifferbare Folge von Tönen hört ohne Tiefe und Sinn, das erschließt sich dem anderen als Melodie, die das eigene Leben berührt. Und diese Melodie, die das eigene Leben berührt, hat – wie das Leben selbst – bei aller Harmonie ihre Brüche, ihre Dissonanzen, ihre Kompliziertheit. Sie klingt nicht so bombastisch wie Freddie Mercurys „We are the Champions", mit dem wir seit über dreißig Jahren Welt- und Europameister feiern, sie klingt, auch wenn der Ton von „We are the Champions" durchklingt, insgesamt verhaltener, ruhiger, bescheidener, nachdenklicher, sensibler, gebrochener, dezenter. Warum das so ist?

Weil es kein selbst errungener Sieg ist, den die 144 000 da feiern, sondern der Sieg des Lammes, an dem sie teilhaben. Und weil dieser Sieg des Lammes ein Sieg ist, der Sünde, Teufel und Tod erleiden musste, um zu überwinden. Der Sieg des Lammes durchmisst Enttäuschung und Angst, Krankheit und Leid, Schwäche und Not, der Sieg des Lammes umfängt das ganze, aber dadurch eben auch das wirkliche Leben. Auch die scheinbar glanzvollste Biografie hat ja nicht nur lichte Momente. Auch an der exzellentesten Universität, also an unserer, gibt's nicht nur Erfolge. Und dann darf, nein, dann muss die Melodie dieses Siegesliedes eben nicht einfach nur nach Triumph klingen, sondern dann muss sich in dieser Melodie der Jubel über das „Viktoria!" verbinden mit der dankbaren Demut dafür, dass ich mit allen meinen eigenen Niederlagen am Sieg des Lammes teilhabe. Oder um es in der alten Sprache der Johannesoffenbarung zu sagen: dass ich erkauft bin von der Erde. Das klingt dann anders, das ist dann wohl auch schwieriger zugänglich als so mancher Ohrwurm: Niemand konnte das Lied lernen außer den 144 000.

Drittens: Die Sieger vom Zion zeichnen sich durch bestimmte Eigenschaften aus. Sie haben sich mit Frauen nicht befleckt. In ihrem Munde wird kein Falsch gefunden. Sie sind untadelig. Auch hier, liebe Gemeinde: Keine Eigenschaften, die man von sich aus mitbringt, aber offenbar Eigenschaften, die einem dann zuwachsen, wenn man zu Gott gehört … die man erwirbt, wenn man das Lied gelernt hat. Sie erlauben, dass ich das mit den Frauen jetzt mal weglasse, nicht weil ich mich hier nicht zum Thema Frauen zu äußern wagte, wohl aber, weil ich meine, dass sich an diesem Punkte einfach Veränderungen zwischen der frühchristlichen Zeit und heute ergeben haben, sodass man das nur noch schwer sinnvoll übersetzen kann. Die anderen beiden Beispiele, die Johannes bringt, sind nachvollziehbarer: In ihrem Munde wurde kein Falsch gefunden, sie sind untadelig. Die Sieger vom Zion zeichnen sich offenbar durch eine gewisse Unbestechlichkeit aus. Dass sie dem Lamm gehören, dass sie das Lied können, dass sie wissen, wo sie hingehören – das macht sie von dem, was man in dieser Welt für wichtig, für erstrebenswert, vielleicht für entscheidend, gar für unverzichtbar hält, in einer ganz präzisen Weise unabhängig. Die Sieger vom Zion sehen deshalb Wissenschaftsratsbegehungen zwar interessiert, aber auch gelassen entgegen. Die Sieger vom Zion stellen manche unserer Political-Correctness-Attitüden, die so viel Unehrlichkeit verursachen, wohltuend in Frage: Sie sagen höflich und freundlich, aber geradeheraus, was sie richtig finden und was nicht und warum. Die Sieger vom Zion hebeln die Mehr-Scheinen-als-Sein-Logik, die an Universitäten, aber auch in vielen alltäglichen Begegnungen, Freundschaften, Beziehungen mitunter so seltsame Blüten treibt, wohltuend aus: Sie müssen sich und anderen nicht ständig was vormachen. Der Sieg des Lammes gibt den Champions vom Zion Realitätssinn. Der Sieg des Lammes macht gelassen. Der Sieg des Lammes ermöglicht Nüchternheit. In ihrem Munde wurde kein Falsch gefunden. Sie sind untadelig.

Das Lamm auf dem Zion und mit ihm die 144 000, liebe Gemeinde, ein schönes Bild, und nun bleibt am Ende die Frage: Gehöre ich dazu? Das Lied des Sehers, ein schönes Lied: Aber ist das meine Melodie? Die nackte Zahl 144 000 kann verunsichern, und tatsächlich wurde und wird sie mitunter missverstanden oder missbraucht. Es sind nicht nur die Zeugen Jehovas, die mit einem wörtlichen Verständnis dieser Zahl Ängste geschürt, es sind nicht nur Esoterikerinnen, die an der Zahl 144 000 herumgedoktort, aber wenig Erbauliches herausbekommen haben. Was hat es auf sich mit den 144 000?

Wie so oft in der Bibel führt die buchstäbliche Auslegung auch hier in die Bredouille. Die 144 000 sind keine echte Zahl, so wie 144 000 das Volkszählungsergebnis für die Stadt Paderborn Stand Mitte 2011 ist. 144 000 real existierende Paderborner, das ist eine echte Zahl. Die 144 000 der Johannesoffenbarung aber sind keine echte Zahl, die Zahl hat zeichenhafte Bedeutung, so wie ja unser gesamter Text offensichtlich zeichenhaft zu verstehen ist: Mit dem Lamm ist schließlich auch nicht irgendein fröhlich blökendes Haustier gemeint, sondern Jesus der Christus, und der Zion ist nicht die alte, längst verfallene Festung auf dem Südosthügel Jerusalems, sondern der Herrschaftsbereich Gottes. Zu diesem Herrschaftsbereich Gottes gehören die 144 000 symbolisch, 12 mal 12 000 – eine Zahl, die die Fülle repräsentiert. Die 12 mal 12 000 symbolisieren, mit den 12 mal 12 000 sind gemeint alle, die zum vollständigen Gottesvolk, die zur Fülle des Volkes Gottes zählen. Und zu dieser Fülle des Volkes Gottes gehören die 144 000 genau nachgezählten Einwohner der Stadt Paderborn ebenso dazu wie viele 100 000 Hallenser und Sachsen-Anhaltiner, zur Fülle des Gottesvolkes gehören unsere Eltern und Großeltern, unsere Kinder und Kindeskinder, zu ihr gehören vorangegangene und zukünftige Generationen. Zur Fülle des Gottesvolkes zählen Sie, liebe Schwestern und Brüder, ebenso wie ich, zu ihr zählen Menschen in aller Welt, Große und Kleine, Gewinner und Verlierer, Europameister und Absteiger, all die eben, die das Lied des Lammes gelernt haben. Für sie, für uns alle, hat Johannes seine tröstlich-triumphale Melodie geschrieben. Wir gehören Jesus, dem Christus. Wir haben am Sieg des Lammes teil. We are the Champions, my Friend. Amen.

Und der Friede Gottes, der höher ist als all unsere Vernunft, der bewahre unsere Herzen und Sinne in Christus Jesus. Amen.

LIEDER:
VOR DER PREDIGT: EG 351, 1 + 2 + 3 + 9
NACH DER PREDIGT: EG 373, 1 + 3 + 6
PSALM 43
EPISTEL: 1. TIMOTHEUS 2,1–7
EVANGELIUM: JOHANNES 16,29–33

ANIMATION

*Semestereröffnungspredigt im Wintersemester 2012/13 an der
Martin-Luther-Universität Halle-Wittenberg
Marktkirche Halle (Saale), 8. Oktober 2012
Johannes 20,19–23*

Am Abend aber des ersten Tages der Woche, als die Jünger versammelt und die Türen verschlossen waren aus Furcht vor den Juden, da kam Jesus und trat mitten unter sie und spricht zu ihnen: Friede sei mit Euch! Und als er das gesagt hatte, zeigte er ihnen seine Hände und seine Seite. Da wurden die Jünger froh, dass sie den Herrn sahen. Da sprach Jesus abermals zu ihnen: Friede sei mit Euch! Wie mich der Vater gesandt hat, so sende ich Euch. Und als er das gesagt hatte, blies er sie an und spricht zu ihnen: Nehmt hin den Heiligen Geist. Welchen ihr die Sünden erlasst, denen sind sie erlassen, und welchen ihr sie behaltet, denen sind sie behalten.

Liebe Universitätsgemeinde,

wo Gottes Geist Menschen berührt, passieren erstaunliche Dinge. Simson sprengt alle Fesseln und erschlägt 1000 Philister mit dem Kinnbacken eines Esels. Jesus widersteht in der Wüste den Listen des Teufels. Verängstigte Jünger predigen Frieden und Vergebung der Sünden. Wo Gottes Geist Menschen berührt, da wachsen Mut, Stärke, Entschlossenheit, Klarheit und Kraft. Was wohl passiert, wenn Gottes Geist mich berührt? Was, wenn er sich an einer mitteldeutschen Universität bemerkbar macht?

Die Beispiele zeigen, wie vielfältig Gottes Geist wirkt. Für die Predigt will ich mich auf das letzte Beispiel, auf die Animation der Jünger beschränken, auf den Moment, als Jesus ihnen den Geist verleiht. Das erste Beispiel aus der alttestamentlichen Lesung ist zwar zweifellos spektakulärer, aber nicht auf Halle übertragbar, weil wir an dieser Universität, den in diesem Semester neuen Studenten und Mitarbeitern, die ich herzlich bei uns begrüße, sei's zur Beruhigung gesagt, weil wir an dieser Universität Konflikte normalerweise anders lösen als Simson. Das zweite Beispiel, Jesu Versuchung in der Wüste, passt zwar besser nach Halle, denn den Listen des Teufels ist man überall ausgesetzt, selbst in Sachsen-Anhalt, aber damit *das* Beispiel funktioniert, müssten *wir* uns mit Jesus vergleichen und *das* wollen wir vorsichtshalber mal lieber lassen. Bleibt die Begabung der Jünger mit Gottes Geist: eine ruhige, eine unscheinbare Szene. Doch auch hier passieren erstaunliche Dinge.

Wobei die Ausgangslage deprimierend ist. Da sind die Jünger hinter verschlossenen Türen zusammen, abgeriegelt von der Welt draußen, enttäuscht, voller Angst, auf die Straße zu gehen, gefährdet, dasselbe Schicksal zu erleiden wie ihr Meister. Und genau in diesem Moment geschieht – ganz leise – das Seltsamste, das man sich denken kann: Jesus selbst, der Gekreuzigte und Begrabene und nun offensichtlich Auferstandene, tritt ein, unverhofft, so unverhofft, dass er sich erst mal ausweisen muss durch Vorzeigen seiner Wunden. Der Friedensgruß „Friede mit euch", ein in Palästina ganz normaler Gruß wie moin moin an der Waterkant, aber zugleich mehr als das: Zusage, Zuspruch des Friedens. Und die Atmosphäre ändert sich: „Die Jünger wurden froh", heißt es. Erleichterung stellt sich ein.

Der Auftrag: Ich sende Euch, weitergeben sollen die Jünger diesen Frieden, Botschafter der Versöhnung sollen sie sein. Und damit das auch klappt, hat Jesus ein ökumenisches Gastgeschenk mitgebracht, er übergibt ihnen Gottes Geist, eindrucksvoll dargestellt im Bild des Anpustens. Er beatmet, er reanimiert sie, und sie kriegen wieder Luft, werden wieder auf die Füße gestellt. Von nun an werden sie nicht mehr ohne Hilfe, nicht ohne Trost, nicht auf sich allein gestellt sein. Und sie werden Kraft haben: die Kraft, Sünden zu vergeben, also zu heilen, wo Unheil ist, zu lieben, wo Unfrieden herrscht, Neuanfänge zu wagen, wo die Lage aussichtslos scheint. Eine leise, eine unscheinbare Form von Animation, aber eine, wie sie wirkungsvoller nicht sein könnte.

Weshalb es sich übrigens lohnt, genau hinzuschauen, um welche Sorte Animation es sich in unserem Text eigentlich handelt. Denn Animation an sich kann man heutzutage ja zur Genüge haben – wenn einer eine All-inclusive-Reise tut zum Beispiel, so wie wir in den Unigottesdiensten in diesem Semester. Spaßeshalber und neugierigerweise habe ich im Internet mal nach Animationen, Animateuren und Animationsprogrammen gefahndet. Das Ergebnis beeindruckt. Da beginnt, ich greife mal ein Beispiel heraus, da beginnt der Tag um halb acht mit der Wassergymnastik, gefolgt vom medizinischen Rückentraining, dem Spaß-Bingo, dann dem Kegelnachmittag, dem Lasergewehrschießen, dem Musikquiz, dem Filmtipp, und für die, die dann noch nicht genug haben, spielt das Alleinunterhalterduo Birdy und Ernie bis in die Nacht hinein auf. Animation bis der Arzt kommt, und dabei ist es ja zunächst durchaus anerkennenswert, wenn es solchen Programmen gelingt, weniger rege Menschen ein bisschen auf Trab zu bringen. Trotzdem ist das alles natürlich auch ein ziemlicher Aktivitäts-Overkill und man wundert sich nicht, wenn eine der Internetbewertungen dieses Programms nachdenklich feststellt, Stimmung käme da irgendwie nicht so recht auf. Wobei dieser Kritiker seine Reise trotz Daueranimation immerhin in insgesamt guter Erinnerung behalten hat.

Was unterscheidet solche Sorte Animation von der Bewegung des Menschen durch Gottes Geist? Was haben wir davon, dass Jesus uns keinem Programm à la Birdy und Ernie aussetzt, sondern uns mit Gottes Geist animiert? Es sind mir drei Punkte eingefallen, die sich als Antwort auf diese Frage, aber auch als Kompass für die Reise durchs Semester empfehlen.

Wenn der Geist Gottes Menschen berührt, fangen diese erstens an, auf das „Friede mit Dir" zu hören. „Friede mit Dir" sich gesagt sein lassen in dem Sinne, dass ich bei allem Stress, allen Schwierigkeiten, allen Problemen, die im Semester auf mich zukommen, gnädig mit mir selbst umgehe. Der Friede meiner Seele muss und darf nicht abhängen von dem, was ich in diesem Semester schaffe oder eben nicht schaffe. „Friede mit Dir" aber auch ernst nehmen im Blick auf die anderen, sodass ich trotz aller sinnvoller oder weniger sinnvoller Wettbewerbe, die es neuerdings ja auch an Universitäten gibt, im anderen eben nicht primär den Konkurrenten, sondern den Kommilitonen sehe, mit dem ich gemeinsam auf dem Weg des Suchens und des Forschens und des Lernens und Gestaltens bin. „Friede mit Dir" sich gesagt sein lassen, um Gemeinschaft zu stärken, an unserer Alma Mater, aber auch in unserem gesellschaftlichen Umfeld, in unserer Stadt, in unserer Region. Konflikte konstruktiv bearbeiten. Konsensuelle Lösungen suchen. Wobei allerdings auch klar sein muss: „Friede mit Dir" kann unter Umständen auch bedeuten, ersichtlich friedensfeindlichen Entwicklungen in unserem Umfeld mit Klarheit zu begegnen. Wenn es so ist, dass Mitbürger ausländischer Nationalität und Mitbürger jüdischen Glaubens in Teilen unseres Landes bedroht werden, dann kann der Friede, den der Heilige Geist ausbreiten will, nur bedeuten, dass man eben nicht wegsieht, sondern den Tätern couragiert entgegentritt.

Wenn der Geist Gottes Menschen berührt, fangen die zweitens damit an, Sünden zu vergeben. Und eröffnen so neue Wege, ermöglichen Zukunft. Das im ersten Moment altmodisch klingende Wort von der Vergebung der Sünden ist in Wahrheit eines der aktuellsten im christlichen Vokabular, aktuell deswegen, weil wir alle mehr oder weniger oft in Situationen geraten, in denen wir der Erneuerung bedürfen. Und Erneuerung meint nun nicht einfach Luftveränderung und schon gar nicht die nächste Universitätsreform – Erneuerung meint vielmehr Zuspruch von Erbarmen, eine freundliche Anrede, eine versöhnende Hand, die Menschen so verändert, dass sie Vergangenes hinter sich lassen können. Es zählt zu den qualvollsten Erfahrungen menschlichen Lebens, zu merken, dass ich etwas, was ich gerne ungeschehen machen möchte, nicht mehr ungeschehen machen kann. Und es zählt zu den befreiendsten Erfahrungen menschlichen Lebens, wenn ich trotz und angesichts dessen, was ich nicht mehr ungeschehen machen kann, einen Zuspruch von Güte erfahre, der bewirkt, dass die Last dessen, was mich beschwert, von mir abfällt.

Und drittens: Wenn der Geist Gottes Menschen berührt, fangen die an zu begreifen, dass sie nicht alles von sich selbst erwarten müssen. Natürlich sollen wir von uns selbst eine Menge erwarten, tun wir ja auch, an einem Tag wie heute, wo wir tatendurstig ins Semester starten, allemal. Aber wir sollen und dürfen auch um unsere Aufs und Abs wissen, um unser Schwanken zwischen Entschlossenheit und Verzweiflung, um jene Mischung aus Euphorie und Frustration, die es uns mitunter so schwer macht, zuversichtlich zu sein. Es ist wahr: Wir sind Menschen, die auf die Animation durch Gottes Geist dauerhaft angewiesen bleiben.

Aber es ist auch wahr: Wir sind Menschen, die mit der Animation durch Gottes Geist jederzeit ernsthaft rechnen dürfen. Und wenn Martin Luther in einer seiner Wittenberger Predigten über die Gabe des Heiligen Geistes sagt, dass wir dadurch rechte, fröhliche Christen und mutige, kühne Helden werden, die sich weder vor der Welt noch vor dem Teufel fürchten, dann meint er damit nicht, dass wir plötzlich und im Handumdrehen vor Gewissheit und Tatkraft nur so strotzen müssten, sondern dann setzt er auf die wirksame, heilsame, bleibende Präsenz Gottes in dieser Welt, der sich ganz normaler, manchmal starker, manchmal schwacher Menschen wie mir und Dir bedient, sie ergreift und sie dann tun lässt, was nach Gottes Willen getan werden muss. Andersherum gesagt: Gerade indem ich mir meiner eigenen Grenzen, meiner Aufs und Abs bewusst bin, gerade indem ich nicht alles von mir selbst erwarte, bewahre ich mir genau das Stück Freiheit und das Stück Offenheit, durch das Gottes Geist, wann immer *er* will, von mir Besitz ergreift. Und genau dann passieren überall auf dieser großen weiten Welt inklusive Halle und übrigens häufiger als man so denkt, inklusive im heute beginnenden Semester, erstaunliche Dinge.

Sodass ich, liebe Universitätsgemeinde, sodass ich Ihnen, sodass ich uns am Ende dieser Predigt, wie immer Sie persönlich nun zu All-inclusive-Reisen und wie immer Sie zu Wassergymnastik, Spaß-Bingo und zu Birdy und Ernie stehen mögen, sodass ich uns am Beginn des Wintersemesters 2012/13 genau diese Sorte Animation wünsche, die uns zu friedensfähigen, die uns zu erneuerungstauglichen und die uns zu erwartungsfrohen Menschen macht. Gott gebe uns ein gutes, ein fröhliches, ein in präzisem Sinne geistreiches Semester, er schenke uns seinen Frieden, der höher ist als all unsere Vernunft, und er bewahre unsere Herzen und Sinne in Christus Jesus. Amen.

LIED: EG 133,1 + 6–8
PSALM 51 (EG 727)
ATL. LESUNG: RICHTER 15,9–16
EVANGELIUM: MATTHÄUS 4,1–11

Zwischen gestern und morgen

Predigt im Universitätsgottesdienst
der Ludwig-Maximilians-Universität München
Markusgemeinde München
13. Januar 2013
Hebräer 13,7–9b und 12–14

Gedenkt an Eure Lehrer, die Euch das Wort Gottes gesagt haben; ihr Ende schaut an und folgt dem Glauben nach. Jesus Christus gestern und heute und derselbe auch in Ewigkeit. Lasset Euch nicht durch mancherlei und fremde Lehren umtreiben, denn es ist ein köstlich Ding, dass das Herz fest werde, welches geschieht durch Gnade […]. Darum hat Jesus, auch damit er das Volk heilige durch sein eigenes Blut, gelitten draußen vor dem Tor. So lasst uns zu ihm hinaus gehen und seine Schmach tragen. Denn wir haben hier keine bleibende Stadt, sondern die zukünftige suchen wir.

Liebe Münchener St.-Markus-Gemeinde,
Liebe Münchener Universitätsgemeinde,

Vergangenheit – Gegenwart – Zukunft: In diesem Text spürt man das Fließen der Zeit. Der Blick zurück (Gedenket der Lehrer) und der Blick nach vorn (die zukünftige Stadt). Wo kommen wir her? Wo gehen wir hin? Unterwegs sind wir zwischen hier und dort, auf der Grenze sind wir zwischen gestern und morgen – Vorübergehende in doppeltem Sinn: Wanderer zwischen den Zeiten und endliche Menschen.

Gedenkt an Eure Lehrer, die Euch das Wort Gottes gesagt haben, ihr Ende schaut an und folgt dem Glauben nach. Das ist der Blick zurück. Die orientierende Kraft der Vergangenheit. Zurückdenken an die, die mich geprägt haben. Die Großmutter, die Eltern, die Paten, die mit mir das erste Mal und alle Jahre wieder die Weihnachtsgeschichte gelesen haben – „Es begab sich aber zu der Zeit …" – und so dafür sorgten, dass ich sie nie vergaß. Begegnungen in dieser und jener Gemeinde, wo ich Kirche als Gemeinschaft kennenlernte. Menschen, die mir Anstöße gaben, mich gefördert haben: die Lehrerin an der Schule, die mich für Sprache begeisterte, der manchmal etwas verschroben, aber stets merkwürdig unbestechlich daherkommende Pfarrer, der mich darauf brachte, Theologie zu studieren, der Privatdozent im Studium, der mich lesen lehrte, die Vikariatsmentorin, die meine ersten Versuche im Predigen ertrug und mich geduldig korrigierte. Lehrer, die uns das Wort Gottes gesagt haben: auch die Großen der Christentumsgeschichte natürlich, deren Schriften heute mit jungen Theologen zu studieren meinen durchaus schönen Beruf ausmacht, Augustin, Thomas, Luther, Schleiermacher, viele, viele andere – welch ein Reichtum unserer christlichen Tradition!

Gedenkt an Eure Lehrer, ihr Ende schaut an. Wer dazu noch das Glück hatte, bei seinen Lehrern zu lernen, dass der Blick in den griechischen Ausgangstext durchaus mal ganz nützlich sein kann, der weiß: Das Wort, das da im Griechischen steht (ἔκβασις), meint mehr als „Ende". Das Wort meint „das, was dabei herauskommt", man könnte es sinngemäß-elegant mit „Quintessenz" übersetzen, es zielt auf den Kern dessen, was ich von diesem und jenem lernen durfte. Die Orientierung an den Lehrern, der Blick auf das Erbe der Väter ist nicht einfach Nostalgie oder fromme Verehrung: Er ist orientierend, lebens- und glaubensorientierend. Er hilft, Ansatzpunkte zu finden, von denen ausgehend ich mir meinen eigenen Weg bahne. Er hilft, Fehler zu vermeiden, die andere schon gemacht haben. Der Blick auf die Lehrer hilft Distanz wahren. Lasst Euch nicht durch mancherlei und fremde Lehren umtreiben! Man merkt: Ich muss nicht jeder flotten Mode nachlaufen, kann mich auch mal entziehen dem oft schrillen, oft bunten, manchmal unbarmherzig schnellen, manchmal unerträglich oberflächlichen Treiben um mich herum. Rudolf Bohren, einer der Väter manches heutigen Universitätspredigers, hat über seinen Vater einmal gedichtet: „Mein Vater konnte nicht Verbeugungen machen vor Vorgesetzten und in Bücklingen blieb er ungeübt. Mein Vater konnte nicht die Hände reiben und lächeln, wo es nichts zu lächeln gab. Mein Vater konnte nicht mit schönen Worten eine lange Rede halten und nichts sagen. Gern möchte ich lernen, was mein Vater nicht konnte." Denkt an Eure Lehrer, die Euch das Wort Gottes gesagt haben. Ihnen folgt im Glauben nach.

Wir haben hier keine bleibende Stadt, sondern die zukünftige suchen wir. Das ist der Blick nach vorn. Und anders als der Blick zurück, der einen im guten Sinne konservativen Zug hat, sorgt der Blick nach vorn für Offenheit, für Dynamik, Bewegung, Antrieb und Drang. Nicht nur in dem Sinne, dass wir überlegen, wie es wohl weitergehen wird mit uns, mit unseren individuellen Biografien, mit unseren immer komplexer und komplizierter werdenden

Gesellschaften der kommenden Jahre und Jahrzehnte. Nein, das Wort von der zukünftigen Stadt geht über den Horizont des Plan- und Gestaltbaren hinaus. Es erinnert uns daran, dass all unser Tun und Lassen, all unser Planen und Gestalten begrenzt ist, dass es ein Ende und ein Ziel hat mit uns. Wir haben hier keine bleibende Stadt – selbst das heilige Jerusalem, selbst das ewige Rom, selbst das liebenswürdige München nicht. Es gibt hier keine für immer bleibenden Organe, Institute oder Institutionen, selbst der Ludwig-Maximilians-Universität oder der Bayerischen Landeskirche, selbst dem FC Bayern München, um mal drei besonders prominente Institutionen zu nennen, selbst denen eignet der Charakter des Ewigen nicht. Der Hebräerbrief verweist uns auf unsere Endlichkeit. Er erinnert uns daran, dass wir Vorübergehende sind. Damit will er uns nicht frustrieren, nicht demoralisieren, erst recht nicht uns zu kuriosen Weltuntergangsparties à la Maya-Kalender animieren, sondern er will uns Geschmack machen auf die zukünftige Stadt, die Gott für uns bereitet hat und bereit hält. Er will uns Geschmack machen auf die auf uns wartende Gottesstadt, die anders als all unsere endlichen Lebensgemeinschaften eine Gemeinschaft sein wird, die auf Dauer angelegt ist.

Die zukünftige Stadt – griechisch: die Polis, also Gemeinde, Sozialgemeinschaft, übrigens auch Vaterstadt –, die zukünftige Polis ist ein Bild für die dauerhafte, unzerstörbare, ewige Lebensgemeinschaft Gottes mit den Menschen und der Menschen untereinander. Eine Stadt, in der Gott uns mit sich und uns untereinander so zusammen sein lässt, dass uns nichts mehr trennt von seiner Liebe. Unser eigenes Versagen, unsere Schuld, Sünde, Trägheit, Eigensinn werden da keine Rolle mehr spielen. In der zukünftigen Polis werden menschliche Spaltungen, Zerwürfnisse, werden die zu Bruch gehenden Beziehungen nicht mehr sein, die uns in unserer gegenwärtigen Welt so wehtun – und mit denen wir in unserer gegenwärtigen Welt anderen so wehtun. In der zukünftigen Stadt werden kein Geschrei, keine Tränen, kein Schmerz, keine Verzweiflung mehr sein. Es wird dort keine zwanzigjährigen Attentäter und Selbstmörder an Schulen mehr geben. Es wird dort keine Frau bestialisch vergewaltigt und getötet werden – weswegen man in diesen heil'gen Hallen übrigens auch die Rache nicht kennt, die sich erübrigt haben wird. Das, liebe Gemeinde, ist unsere Zukunft und unser Ziel: die zukünftige, Gottes ewige Stadt.

Wobei wir diese Stadt nicht nur suchen, sondern ein klarer Weg dorthin vor Augen ist. Denn das Wort – und Sie gestatten mir einen dritten und ich verspreche jetzt aber wirklich letzten Ausflug ins Griechische – das Wort, das da steht (ἐπιζητέω) meint eigentlich „aufsuchen", auch „etwas begehren" oder „etwas vermissen" – vorausgesetzt ist jedenfalls, dass der Weg im Prinzip bekannt ist. Die zukünftige Stadt *suchen* meint keinen Blindflug im Nebel, kein unsicheres Sich-Vortasten ins Dunkle, kein Topfschlagen, sondern es führt ein *erkennbarer* Weg in Gottes zukünftige Stadt. Ein Weg, der deshalb erkennbar ist, weil er uns von Gott selbst, von dem Mensch gewordenen Gott selbst, gebahnt worden ist. Jesus Christus gestern und heute und derselbe auch in Ewigkeit. Er, damit er das Volk heilige durch sein eigenes Blut, hat gelitten draußen vor dem Tor. Lasst uns zu ihm hinausgehen und seine Schmach tragen.

Der Hebräerbrief wird nicht müde, es immer, immer wieder zu sagen: Es ist dieser Jesus, der Christus, der Mann aus Nazareth, in dem Gott den Weg zu uns gegangen ist, um uns in Seine zukünftige Stadt heimzuleuchten. Es ist das Kind in der Krippe, in dem Gott so Mensch geworden ist wie unsere Väter, wie wir selbst, wie unsere Kinder und Kindeskinder Menschen sind. Es ist der Gekreuzigte, der menschliche Schuld und menschliches Leid angenommen und auf sich genommen hat, das Leid unserer Väter, unser eigenes und das unserer Kinder. Es ist der Auferstandene, der uns in die zukünftige Stadt vorangegangen ist und dort auf uns wartet. *Er* hat uns, wie der Hebräerbrief an anderer Stelle formuliert, „einen neuen und lebendigen Weg erschlossen" – eben den Weg in jene zukünftige Stadt, die wir suchen und finden werden, wir, die wir – wie unsere Väter – dem von Ihm gebahnten Weg uns anvertrauen und auf ihm bleiben.

Bleibt am Schluss der Predigt natürlich noch die Frage, was das Wissen um jene zukünftige Stadt Gottes, auf die wir zugehen, austragen könnte für unsere Gegenwart, für unser Leben in den Städten, Gemeinschaften, Institutionen, in denen wir zwar nicht bleiben werden, in denen wir aber jetzt, Anfang anno Domini 2013 zu Hause sind und für die wir im Rahmen unserer Grenzen verantwortlich sind. Wie sollen wir, die wir auf der Schnittstelle, auf der Grenze zwischen gestern und morgen sind, uns verhalten zur gegenwärtigen, jetzigen, vorübergehenden, endlichen Welt?

Ich will den Bogen zurückschlagen zum Anfang der Predigt und noch einmal an einen der Lehrer erinnern, und Sie werden es dem von der Martin-Luther-Universität Halle-Wittenberg angereisten Gast-Universitätsprediger nachsehen, wenn ich mich aus theologischer Überzeugung, aber auch mit einem Schuss Lokalpatriotismus an niemand Geringerem als Martin Luther orientiere. Martin Luther hat eben aus dem Wissen um das neue Leben in Gottes zukünftiger Stadt immer zweierlei zugleich betont, einerseits eine gewisse Distanz zu dieser Welt, die vergeht, vorübergeht, und andererseits auch eine tiefe Liebe zu dieser gegenwärtigen Welt, die auf Gottes neue Welt zugeht. „Nehmen sie Dir den Leib, Gut, Ehr', Kind und Weib, lass fahren dahin, sie haben's kein Gewinn, das Reich muss uns doch bleiben" – will sagen: Alles, was mir in dieser Welt lieb und teuer ist, hat doch nur eine begrenzte Bedeutung gegenüber dem, was einst noch kommt. Das kann manche Katastrophe vielleicht besser ertragen und wohl auch die eigene und anderer Menschen Endlichkeit besser annehmen helfen. Und dann ist da eben auch das andere, ebenso Wichtige bei Luther, der ihm zugeschriebene berühmte Satz (der Satz ist wahrscheinlich nicht von Luther, aber so gut, dass er von ihm sein könnte): „Wenn ich wüsste, dass morgen die Welt untergeht, dann würde ich heute noch ein Apfelbäumchen pflanzen" – will sagen: Weil die hiesigen, weil die gegenwärtigen Städte, Gemeinschaften, Institutionen und die in ihnen lebenden Menschen zu Gottes geliebter Welt gehören und einem guten Ende in Seinem Reich entgegengehen, deshalb können und sollen wir die Zeit hier nutzen – engagiert, voller Tatendrang, in heiterer Hoffnung, mit der nötigen Gelassenheit, fröhlich und voller Trost.

Gedenkt an Eure Lehrer, die Euch das Wort Gottes gesagt haben. Ihr Ende schaut an und folgt dem Glauben nach. Wir haben hier keine bleibende Stadt, sondern die zukünftige suchen wir. Vergangenheit – Zukunft – Gegenwart. Das Gestern, das Morgen, das Heute. Und wir: auf der Grenze. Vorübergehende. Wanderer zwischen den Zeiten. Endliche Menschen. Aber vor Augen das Ziel der zukünftigen Stadt. Amen.

Und der Friede Gottes, der höher ist als all unsere Vernunft, der bewahre unsere Herzen und Sinne in Christus Jesus. Amen.

Lied: EG 150, 1–7

Andachtsraum

Predigt im Universitätsgottesdienst
St. Laurentius Halle (Saale)
7. Juli 2013
Markus 11,15–18

Und sie kamen nach Jerusalem. Und Jesus ging in den Tempel und fing an, auszutreiben die Verkäufer und Käufer im Tempel. Und die Tische der Geldwechsler und die Stände der Taubenhändler stieß er um und ließ nicht zu, dass jemand etwas durch den Tempel trage. Und er lehrte und sprach zu ihnen: „Steht nicht geschrieben: Mein Haus soll ein Bethaus heißen für alle Völker? Ihr aber habt eine Räuberhöhle daraus gemacht." Und es kam vor die Hohepriester und Schriftgelehrten, und sie trachteten danach, wie sie ihn umbrächten. Sie fürchteten sich nämlich vor ihm; denn alles Volk verwunderte sich über seine Lehre.

Liebe Gemeinde,

am Ende heißt es schlicht: Sie fürchteten sich vor ihm, und irgendwie kann man das auch verstehen. Furchteinflößend ist der Zorn Jesu, der Händler, Wechsler, Kunden, Verkäufer vertreibt, Leute, die eigentlich nichts weiter tun, als den normalen Opferbetrieb am Tempel aufrechtzuerhalten. Furchterregend ist es, wenn Jesus wie eine Furie auf die Leute losgeht, Tische umstößt, Einrichtung demoliert – „Mein Haus soll ein Bethaus heißen für alle Völker"! Beängstigend und peinlich muss das gewesen sein für die, die damals dabei waren. Und wir? Müssen auch wir uns vor dem Mann aus Nazareth fürchten? Oder steckt hinter seiner Aktion am Ende etwas, das für uns entlastend, tröstlich, befreiend sein könnte?

„Mein Haus soll ein Bethaus heißen für alle Völker": Damit rechtfertigt Jesus, was er tut. Und man kann die Geschichte von der Tempelreinigung nun erstens lesen als Hinweis darauf, dass Gott und Geld nicht wirklich zusammenpassen. Im Tempel, auch in der Kirche, jedenfalls während des Gottesdienstes, macht man keine Geschäfte. Geld ist dazu da, um zu tauschen, dazu ist es nützlich, wohl dem, der genug davon hat und es sinnvoll einsetzt. Der Punkt ist nur der: Vor Gott gilt die Logik des Tauschens, Zahlens und Bezahlens nicht. Bei Gott müssen wir nicht zahlen. Mit ihm müssen wir nicht handeln. Von ihm bekommen wir alles geschenkt, ohne etwas zu geben, und das setzt die uns tagtäglich umgebende Logik des Gebens und Nehmens, des Kaufens und Verkaufens genau da, wo wir Gott begegnen, grandios außer Kraft. Wenn man die Geschichte von der Tempelreinigung so deutet, dann könnte man den heiligen Zorn Jesu lesen als radikale Anfrage daran, ob wir das überhaupt noch können: uns einfach so etwas schenken lassen – ohne gleich daran zu denken, was ich jetzt zurückgeben könnte oder zahlen muss. Das Befreiende an der Geschichte könnte dann sein, dass wir, die wir täglich unter der Herrschaft des Geldes leben, an einem bestimmten Punkt, und zwar nicht an irgendeinem, sondern am letztlich entscheidenden Punkt unseres Lebens, merken, dass die Herrschaft des Geldes begrenzt ist und wir von ihr in Wahrheit frei und unabhängig sind.

„Mein Haus soll ein Bethaus heißen für alle Völker": Man kann diesen Vers und man kann die Geschichte von der Tempelreinigung zweitens auch lesen als Hinweis auf unseren Umgang mit unseren Gotteshäusern. Der Ort, an dem Gott verehrt wird, ist ein Bethaus. In den Schöner-Wohnen-Komplex der Universitätsgottesdienste dieses Sommersemesters gehört ein Raum, in dem ich beten, singen, stille sein, zu Gott und zu mir selbst finden kann, ein Andachtsraum. Und es ist offenbar ziemlich wichtig, dass dieser Raum einer ist, der sich von anderen Räumen erkennbar unterscheidet: Jeder, der hier hereinkommt, merkt, dass er sich nicht in einer Sparkasse, nicht im Supermarkt und nicht im Hörsaal befindet. Das Kreuz, der Taufstein, der Altar machen diesen Raum kenntlich als das, was er ist, als Gotteshaus: ein Haus, in dem man Gott begegnen kann.

Mitunter höre ich von Menschen, die an irgendeinem Ort dieser Welt irgendeine Kirche, eine Kapelle, ein Kloster entdeckt haben und total davon beeindruckt sind, weil die Faszination dieses Raumes ihnen imponiert hat – nicht nur als schönes Gebäude, sondern als Gotteshaus. Andacht braucht Räume. Natürlich kann man auch im Kämmerlein daheim oder draußen in der Natur Andacht halten, und das tun wir ja auch hin und wieder, aber das ersetzt eben nicht den festen und festlichen Raum, der der Andacht vorbehalten ist wie zum Beispiel unsere schöne Laurentiuskirche. Man könnte, wenn man die Geschichte von der Tempelreinigung so deutet, den heiligen Zorn Jesu lesen als ernsten Hinweis darauf, dass wir unsere Gotteshäuser wertschätzen und dass wir sie nicht zur Konzerthalle, zum Multifunktionsraum oder zum Souvenirladen verkommen lassen. Das Befreiende an der Geschichte wäre dann, dass Jesus um unseretwillen darauf besteht, dass Gotteshäuser Gotteshäuser sein und bleiben sollen, sodass wir einen Raum haben und behalten, der uns die Andacht und das Gebet und die Wahrnehmung der Gegenwart Gottes erlaubt.

„Mein Haus soll ein Bethaus heißen für alle Völker": Man kann diesen Vers und man kann die Geschichte von der Tempelreinigung drittens und letztens aber auch noch viel grundsätzlicher lesen. Nicht nur als Hinweis auf das Problemfeld von Geld und Religion, nicht nur als Hinweis auf den rechten Umgang mit Gotteshäusern, sondern als Geschichte unserer Befreiung, unseres Befreit-Werdens von uns selbst. Dann ginge es hier ganz grundsätzlich darum, dass Menschen aus den Gewohnheiten, aus den Geschäftigkeiten, aus den Zweckmäßigkeiten, aus dem Trott, aus den scheinbaren Selbstverständlichkeiten ihres Lebens um ihrer selbst willen herausgerissen, befreit werden.

„Unterbrechungen" hat der große evangelische Theologe, Prediger und zeitweise übrigens auch Hallenser Friedrich Schleiermacher die christlichen Gottesdienste genannt, „Unterbrechungen des übrigen Lebens". Unter solchen „Unterbrechungen des übrigen Lebens" verstand er Gelegenheiten, Zeit zu gewinnen, Gelegenheiten, uns zu vergessen, unserer selbst ledig zu werden. Momente, in denen ich innehalte und einen neuen Eindruck an mich heran- und in mich hineinlassen kann. Momente, in denen ich das Selbstverständliche auf einmal gar nicht mehr als ganz so selbstverständlich ansehe und ich dann, wenn es sich um etwas Gutes und Schönes handelt, dankbar werde dafür, und wenn es sich um etwas Schweres und Belastendes handelt, Abstand gewinne davon.

„Unterbrechungen des übrigen Lebens" reißen uns heraus aus dem Alltag, aus der Normalität, auch aus dem Vertrauten, weswegen sie übrigens in der Tat Angst machen können. Aber „Unterbrechungen des übrigen Lebens" sind in Wahrheit das eigentliche Elixier des Lebens, weil ich nur durch sie mal anhalten, mal neu überlegen, mich mal wieder bewusst zu etwas verhalten, mich neu ausrichten kann, weil ich eben durch sie meinen Umgang mit mir selbst und mit anderen neu justiere. Man muss solche Unterbrechungen nicht oder nicht immer so rabiat erzwingen, wie Jesus das tat, als er die Händler, Wechsler, Kunden, Verkäufer aus ihrer Geschäftigkeit herausriss und sie aus dem Vorhof des Tempels vertrieb. Manchmal bringt mich schon das leise Läuten einer Kirchenglocke irgendwo in der Ferne auf die Idee, dass hinter unserer betriebsamen Welt noch eine neue, ganz andere auf uns wartet. Manchmal reicht das Lachen oder Weinen eines Kindes, damit ich merke, dass meine tagtäglichen Sorgen und Probleme möglicherweise gar nicht so furchtbar wichtig sind. Manchmal reicht mir die Wahrnehmung einer Lilie auf dem Felde dazu, dass ich das an unseren Universitäten so inflationär gebrauchte Wort „exzellent" bis auf Weiteres nicht benutze. „Unterbrechungen des übrigen Lebens." Man muss das nicht auf Gottesdienste reduzieren, Gottesdienste sind nur ein, freilich ein ziemlich gutes Beispiel dafür. „Unterbrechungen des übrigen Lebens" sind Momente, die man deuten kann als Wahrnehmung der Gegenwart Gottes. Es ist ein Segen, dass es sie gibt. Sie leiten uns zu einem barmherzigen Umgang mit uns selbst und mit anderen an.

Am Ende der Geschichte von der Tempelreinigung heißt es schlicht: Sie fürchteten sich vor ihm, und wir hatten gesagt, irgendwie könne man das auch verstehen. Ja, vor diesem Jesus kann man sich fürchten, und zwar in dem Sinne, dass sein Zorn einen erschrecken macht vor der gottvergessenen Geschäftigkeit, mit der die Händler und Täuscher, Käufer und Verkäufer aller Zeiten und wohl auch wir uns selbst tagein tagaus umgeben. Aber gerade dann begreift man wohl auch, was Jesus zu seiner spektakulären Aktion getrieben hat, versteht, was er uns damit schenken wollte und will, und dann wird man beim „sie fürchteten sich" eben nicht stehen bleiben, sondern dann wird man sagen: Ich bin dankbar und ich freue mich.

Ich freue mich, dass ich glauben und beten darf – in einem offenen Haus, das da ist für alle Völker. Ich freue mich an der Gegenwart Gottes, wenn ich sie spüren kann, wenn sie einmal nicht durch meine eigene Geschäftigkeit verstellt ist. Ich freue mich an der Verlässlichkeit Gottes, der mich hinter mir selbst hervorholt, wenn ich wieder einmal vermeintlich Wichtigeres zu tun habe. Ich freue mich, dass ich diesen Gottesdienst mit Ihnen und gemeinsam mit Laurentius und ESG feiern und in dieser Kirche predigen darf. Ich freue mich an der Liebe Gottes und an seinem Erbarmen, das mich immer wieder neu anfangen lässt. Ich freue mich, dass ich Orte habe, an denen ich „Unterbrechungen des übrigen Lebens" erlebe, neue Perspektiven gewinne, sodass das allzeit Gewohnte plötzlich keine Macht mehr hat. Ich freue mich über vieles, was ich gar nicht recht in Worte fassen kann – ein Umstand, der mir eine ziemlich elegante Brücke baut, diese Predigt nun langsam, aber sicher zu beenden.

Und ich würde dann resümieren: Ja, ich erschrecke manchmal vor der Art und Weise, wie ich mich in den scheinbar selbstverständlichen Abläufen meines Lebens eingerichtet habe. Aber gerade dann, wenn ich erschrecke, achte ich eben auch wieder mehr auf das andere, freue mich an der Stille, am Durchatmen, am Gebet, am Sich-wieder-Besinnen auf Gott und auf mich selbst. Und in diesem Sinne kann man dem zornigen Mann aus Nazareth eigentlich nur zurufen: Ja, Herr Jesus, greif ruhig ab und zu mal durch in Deines Vaters Tempel, reiß an Dich diese Kirche, Dein Haus, erobere Dir unsere Gemeinden und erobere unser aller Herzen! Verschaffe uns „Unterbrechungen", innen und außen! Zeig uns, dass Du um unseretwillen gegenwärtig bist! Amen.

Und der Friede Gottes, der höher ist als all unsere Vernunft, der bewahre unsere Herzen und Sinne in Christus Jesus. Amen.

LIED: EG 165

Eingangstür

Semestereröffnungspredigt
Marktkirche Halle (Saale)
8. April 2013
Johannes 10,1–10

Wahrlich, wahrlich ich sage Euch: Wer nicht zur Tür hineingeht in den Schafstall, sondern steigt anderswo hinein, der ist ein Dieb und ein Räuber. Der aber zur Tür hineingeht, der ist der Hirte der Schafe. Dem macht der Türhüter auf, und die Schafe hören seine Stimme; und er ruft seine Schafe mit Namen und führt sie hinaus. Und wenn er alle seine Schafe hinausgelassen hat, dann geht er vor ihnen her, und die Schafe folgen ihm nach; denn sie kennen seine Stimme. Einem Fremden aber folgen sie nicht nach, sondern fliehen vor ihm; denn sie kennen die Stimme des Fremden nicht. Dies Gleichnis sagte Jesus zu ihnen; sie aber verstanden nicht, was er ihnen damit sagte.

Da sprach Jesus wieder: Wahrlich, wahrlich, ich sage Euch: Ich bin die Tür für die Schafe. Alle, die vor mir gekommen sind, die sind Diebe und Räuber; aber die Schafe haben ihnen nicht gehorcht. Ich bin die Tür; wenn jemand durch mich hineingeht, wird er selig werden und wird ein- und ausgehen und Weide finden. Ein Dieb kommt nur, um zu stehlen, zu schlachten und umzubringen. Ich bin gekommen, damit sie das Leben und volle Genüge haben.

Liebe Universitätsgemeinde,

gesetzt den Fall, Sie wären, gesetzt den Fall, ich wäre, wir also jeder und jede für sich wären ein ganz normales, gemütliches, friedliches, meistenteils fröhliches, mental einigermaßen einschätzbares, im Großen und Ganzen gut gelauntes Schaf am Beginn eines Semesters. Dann dürfte dieser Predigttext unser Interesse finden, ja uns geradezu in seinen Bann schlagen, denn er antwortet auf Fragen, die sich ein ganz normales, gemütliches und so weiter Schaf typischerweise stellt. Im Sinne schafgerechter Komplexitätsreduktion wollen wir uns auf zwei dieser Fragen beschränken. Erstens: Wem oder was laufe ich eigentlich die ganze Zeit hinterher? Und zweitens: Wo führt das eigentlich hin, wenn ich dem und dem die ganze Zeit hinterherlaufe? Besonders klugen Schafen, also solchen, die es in ihrem akademischen Werdegang bis zur Martin-Luther-Universität gebracht haben, ist sofort klar, dass beide Fragen miteinander zusammenhängen.

Also erstens: Wem oder was laufe ich eigentlich die ganze Zeit hinterher? Offenbar kann man ja in die Irre gehen oder eben auf guten Wegen wandeln. Offenbar kann man sich im Leben verrennen, falschen Fixierungen erliegen oder den richtigen Weg für sich finden. Offenbar kann man Dieben und Räubern nachlaufen oder dem wahren Hirten. Das Gleichnis empfiehlt dem ganz normalen, gemütlichen und so weiter Schaf, hinter Jesus von Nazareth hinterherzulaufen, und verweist zur Begründung auf das, was diesem seine Schafe bedeuten. Der gute Hirte kennt seine Schafe, jedes einzelne, und es liegt ihm an ihnen, an jedem einzelnen. Der gute Hirte nimmt seine Schafe an, wie sie sind – große und kleine, wichtige und weniger wichtige, immatrikulierte, diplomierte, promovierte, habilitierte, deutsche, dänische, weiße, graue und natürlich auch einmal ein schwarzes. Der gute Hirte nennt sie alle mit Namen: Heribert und Adelheid, Hans-Heinrich und Edeltraut, wie man als Schaf halt so heißt, meinetwegen auch Jörg, sie gehören jedenfalls zu ihm und er nimmt sie als die Seinen bedingungslos an. Der gute Hirte geht ihnen voran, schützend, orientierend, er steht für sie ein, er sucht nach ihnen, wenn eines mal vom Weg abgekommen ist, lässt keines von ihnen fallen, das vielleicht zu klein, zu schwach, zu orientierungslos ist, zu wenig Wolle produziert oder durch die Modulprüfung gefallen ist.

Diebe und Räuber hingegen bemessen den Wert ihrer Schafe an dem, was die einbringen. Dieben und Räubern geht es nicht um das Schaf an sich, sondern um Material und Ertrag. Man könnte den Vergleich noch eine Weile weiterführen, aber das ist eigentlich gar nicht nötig, weil sich auch so schon zeigt: Es lohnt sich, hin und wieder mal innezuhalten und sich zu fragen. Wem oder was laufe ich eigentlich die ganze Zeit hinterher? Es spricht viel dafür, dem guten Hirten nachzufolgen, weil der mich als Schaf Schaf sein und bleiben lässt, wo immer ich gerade bin, wie immer es mir gerade geht, worauf ich mich verlassen kann.

Und somit also zweitens: Wo führt das eigentlich hin, wenn ich dem oder dem die ganze Zeit hinterherlaufe? Diebe und Räuber kommen, um zu schlachten und umzubringen. Jesus von Nazareth aber ist gekommen, damit sie das Leben und volle Genüge haben. Das Leben und volle Genüge: Das griechische Wort perissòn, das Luther mit „volle Genüge" übersetzt, bezeichnet eigentlich einen Überschuss, einen Überreichtum, ein Mehr-als-genug, ein Leben in Fülle, ein Alles-was-man-braucht-und-mehr-als-das: das, was mir entspricht, das, womit es mir gut geht, das, was zu mir passt, das, was ich wirklich brauche, das, wobei ich Glück empfinde, das, wo ich mich wirklich zuhause fühle – schöner Wohnen –, das, weswegen ich aus vollem Herzen sage: Mir wird nichts mangeln.

Für all das sorgt der gute Hirte, man muss es bloß mal ansehen können in einem Moment des Innehaltens, was er uns an Gutem getan hat und tut. Und wenn ich das ansehen kann, dann erwächst daraus eine innere Ruhe, eine Lebenszufriedenheit, eine Dankbarkeit, auch eine Genügsamkeit an dem, was ich alles überreich habe. Das soll einen nicht faul machen, aber gelassen. Und das macht gegen Einflüsterungen von Dieben und Mördern wunderbar resistent. Wenn ich weiß, dass ich volle Genüge habe, dann muss ich nicht ständig auf die Nachbarweide gucken voller Angst, dass es da noch saftigeres Gras gibt und ich das möglicherweise verpassen könnte. Wenn ich weiß, dass ich angenommen bin, so, wie ich bin, dann kann ich als Schaf Schaf sein und bleiben und muss mich jedenfalls nicht zum Affen machen, nur weil mir irgendeiner einredet, dass Affen im Moment einfach angesagter sind als Schafe. Einem Fremden folgen sie nicht, sondern sie fliehen vor ihm, denn sie kennen die Stimme des Fremden nicht. Es könnte sein, dass die, die Jesus von Nazareth nachfolgen, dem viele inzwischen krank machenden Leistungswahn, dem mörderischen Perfektionsstreben, der gnadenlosen Hektik, der immer weiter zunehmenden Geschwindigkeit, dem permanenten Zählen, Messen und Evaluieren in unserer Gesellschaft, auch in unseren akademischen Gemeinschaften, irritiert gegenüberstehen und Wege beschreiten, sich davon frei zu machen, sich davon zu lösen. Einfach weil sie sich irgendwann in einer stillen Stunde mal fragen: Wo führt das eigentlich hin, wenn ich dem oder dem die ganze Zeit hinterherlaufe?

Wohlgemerkt, liebe Gemeinde: Leistung, auch exzellente Leistung ist gut, richtig und wichtig, an einer Universität allemal. Aber eine Gemeinschaft, auch eine akademische Gemeinschaft, besteht aus Menschen, und die sind nicht identisch mit dem und nicht zu reduzieren auf das, was sie leisten. Den neuen Studenten, Mitarbeitern, Kollegen, die heute vielleicht in ihrem ersten oder zweiten halleschen Semester bei uns sind und die ich herzlich bei uns begrüße, darf ich sagen, dass zumindest nach meinem Eindruck die Martin-

Luther-Universität eine akademische Gemeinschaft ist, in der ich über meine Zeugnisse und Kennzahlen hinaus wahrgenommen und willkommen geheißen werde, und es gibt gute Gründe dafür, anzunehmen, dass wir uns diese Kultur eines guten, respektvollen, sensiblen Miteinanders auch erhalten werden. Seien Sie willkommen, daran mitzuwirken.

„Dieses Gleichnis sagte Jesus zu ihnen; sie aber verstanden nicht, was er ihnen damit sagte." Das ist schlecht. Und da stutzt man auch ein bisschen, denn so rasend schwierig ist es ja eigentlich nicht, das Bild vom Schaf und vom guten Hirten zu begreifen. Hätten nun Diebe und Mörder das Sagen, dann würden Jünger, die so etwas nicht kapieren, zweifellos sofort geschlachtet beziehungsweise exmatrikuliert. Jesus aber verzweifelt nicht an den Seinen, er bewahrt seine Langmut, seine Geduld, und fügt dem Bild vom guten Hirten ein zweites, ebenso einfaches hinzu: Ich bin die Tür für die Schafe, wenn jemand durch mich hineingeht, wird er selig werden, ein- und ausgehen und Weide finden.

Das Bild von der Tür am Schluss unseres Textes nimmt das Bild vom guten Hirten auf und variiert es ein bisschen. Türen verbinden und Türen grenzen ab. Durch eine Tür kann man gehen wie durch ein prächtiges Portal – Eingangstür –, offene Türen gewähren Zugang, laden ein, aber hinter einer Tür kann man auch ein-, vor einer Tür ausgesperrt sein, draußen vor der Tür bleiben, und wiederum: Hinter Türen findet man Schutz, den man draußen so nicht hat. Die Eingangstür zum Schöner-Wohnen-Komplex unseres Sommersemesters hat durchaus diese mehrfache Bedeutung. Jesus als der gute Hirte unterscheidet zwischen dem, was dem Leben nützt, und dem, was ihm schadet, er unterscheidet zwischen dem, was Lebensmöglichkeiten fördert, und dem, was sie hemmt.

Und damit ist klar: Die Tür für die Schafe, die er selbst ist, steht für jedes ganz normale, gemütliche, friedliche, meistenteils fröhliche, freundliche, mental einigermaßen einschätzbare und im Großen und Ganzen gut gelaunte Schaf am Beginn eines Semesters sperrangelweit offen. Aber genauso klar ist: Diebe und Mörder bleiben außen vor. Wer durch Jesus als die Tür, als den Zugang zu Gott, ein- und ausgeht, findet volle Genüge, aber damit eben auch Schutz, Geborgenheit, einen Raum, an dem er sein kann und dazugehört. Oder in der Sprache unseres Predigttextes gesprochen: Er wird selig werden, ein- und ausgehen und Weide finden. Und ob dieser Einsicht könnten wir diese Predigt nun fröhlich und dankbar und vor allem im Bild bleibend so

beenden, wie das freundliche Schaf sie beenden würde, das auf der Vorderseite der Gottesdienstprogramme abgedruckt ist: Fröhlich dreinschauend, vom Mittags- oder vom Predigtschlaf noch etwas zerzaust, von der wärmenden Frühlingssonne beschienen, mitten in der Eingangstür stehend, würde es mit einem schafgerecht zustimmenden, mit einem schafgerecht bekräftigenden „Määh" oder „Mööh" antworten – aber ich denke, sowas lasse ich, sowas lassen wir mal besser bleiben, erstens um uns die Peinlichkeit zu ersparen und zweitens, weil wir nicht vergessen wollen, dass es in diesem Gleichnis letztlich um ganz und gar ernste Angelegenheiten geht. Denn bei aller Lebendigkeit dieser biblischen Bilder, die Anknüpfungspunkte für allerlei launige Assoziationen bieten, besteht der eigentliche Sinn jener Gleichnisse darin, dass sie uns an Grundfragen *menschlichen,* dass sie uns an Grundfragen *unseres* Lebens weisen.

Ob junge Studenten unserer Universität, ob junge Menschen in und um Halle und anderswo *ihren* Weg im Leben, ihr volles Genüge, ihr Glück, auch ihre vor Dieben und Mördern geschützten Räume finden und wie, das sind unendlich wichtige Fragen. Ob ein Mitarbeiter, ein Dozent, ob ein Wissenschaftler unserer Universität oder sonst ein Mensch hier in und um Halle im Blick auf seinen Weg sagen kann: Ja, das bin ich, das passt zu mir, das ist meistenteils gut gelaufen und da kann ich auch froh drüber sein, ich bin meistenteils dem Richtigen hinterher und nicht in die Irre gelaufen – das ist eine zutiefst ernste, drängende Frage, gegenüber der das Problem der Futterzufriedenheit vorderorientalischer Kleintierfauna eine reine Bagatelle ist. Und aus genau diesem Grunde endet auch diese Semestereröffnungspredigt nicht mit einem schafgerecht zustimmenden „Määh" oder „Mööh", sondern genauso wie und nicht anders als jede andere Universitätspredigt an der Martin-Luther-Universität auch endet: mit einem menschengerecht bekräftigenden „Amen" und mit der Bitte, dass der Friede Gottes, der höher ist als all unsere Vernunft, unsere Herzen und Sinne in Christus Jesus bewahren und uns auf diese Weise das Leben und volle Genüge schenken möge in diesem Semester und darüber hinaus. Amen.

LIED: EG 325, 1 + 2 + 6 + 7 + 10
PSALM 23
EVANGELIUM: LUKAS 15,1–7

NACHT ZUM TAG

Eröffnungsgottesdienst Wintersemester 2013/14
Marktkirche Halle (Saale)
7. Oktober 2013
1. Mose 1,1–5

Am Anfang schuf Gott Himmel und Erde. Und die Erde war wüst und leer und es war finster auf der Tiefe. Und der Geist Gottes schwebte auf dem Wasser. Und Gott sprach: Es werde Licht! Und es ward Licht. Und Gott sah, dass das Licht gut war. Da schied Gott das Licht von der Finsternis und nannte das Licht Tag und die Finsternis Nacht. Da ward aus Abend und Morgen der erste Tag.

Liebe Universitätsgemeinde,

jedem Anfang wohnt ein Zauber inne, dem Anfang allen Anfangs allemal. Die ersten Sätze der Bibel verleihen diesem Zauber Sprache. Urgedanken, Urfragen des Menschlichen klingen an, ehrwürdig, faszinierend, geheimnisvoll: Wie, wenn sich jeder Tag, angefangen beim ersten, wie, wenn sich alles Leben dem Umstand verdankt, dass Gott einen Anfang macht mit mir und Dir? Ich will näher hinsehen und fragen: Was tut Gott eigentlich, wenn er tut, was der Anfang der Bibel zusammenfasst: „Da ward aus Abend und Morgen der erste Tag"?

„Am Anfang schuf Gott Himmel und Erde. Und die Erde war wüst und leer und es war finster auf der Tiefe. Und der Geist Gottes schwebte auf dem Wasser." Das Erste, was Gott am Anfang allen Anfangs tut, ist, dass er das Chaos begrenzt, indem er seinen Geist über den Untiefen schweben lässt. Alles andere muss warten: Die Erschaffung von Land und Meer, auch der Pflanzen, dann von Sonne, Mond und Sternen, Fischen, Vögeln, Tieren und schließlich auch des Menschen – all das verlegt unser Text ganz bewusst auf später. Zuerst, zuallererst begrenzt Gott das Chaos, das „Tohuwabohu", wie es heißt, ein hebräisches Wort, das auch in unsere Sprache eingegangen ist, allerdings in abgeschwächtem Sinn. Denn wenn wir „Tohuwabohu" sagen, dann meinen wir damit ein ganz normales Durcheinander und denken an so etwas wie Massen unsortierter Papierstapel auf dem Schreibtisch oder den Selbstorganisationszustand einer durchschnittlichen Studenten-WG. Da ist zwar Tohuwabohu, aber eben ein überschaubares, eines, das man relativ leicht in den Griff kriegen kann. „Tohuwabohu" im biblischen Sinne ist dagegen viel bedrohlicher, weit gefährlicher und beängstigend. „Wüst und leer", übersetzt Luther, und das will sagen: Himmel und Erde sind vom ersten Tag der Schöpfung an gefährdet, sie sind vom Chaos bedroht, vom Zurücksinken ins Nichts, von Zerstörung, Gewalt, Leid und Tod. Die katastrophalen Entwicklungen in Syrien, das sinnlose Leid abertausender Opfer und Flüchtlinge zeigen, dass diese Welt jederzeit wüst und leer werden kann, und sind doch zugleich nur eines von unzähligen furchtbaren Beispielen dafür. Verzweiflung schreit nach dem Geist Gottes, der auf den Untiefen schwebt.

Martin Buber schreibt in seinen „Erzählungen der Chassidim": „Rabbi Bunam lehrte über die Welt: Macht ein Handwerker ein Gerät und wird fertig, so bedarf es des Handwerkers nicht mehr. Nicht so die Welt: Tag um Tag, Nu um Nu, bedarf sie der Erneuerung durch die Urwort-Kräfte, durch die sie erschaffen wurde, und würde die Kraft dieser Kräfte auch nur einen Augenblick von ihr weichen, die Welt verfiele wieder zu Irrsal und Wirrsal." Wenn Gott am Anfang allen Anfangs das Tohuwabohu dadurch begrenzt, dass sein Geist wachend auf den Chaoswassern schwebt, dann bleiben uns die Hoffnung und die Bitte, dass er seine Urwort-Kräfte in Syrien und all den Krisenregionen der Welt wirken lasse, damit endlich die Waffen schweigen und irgendwann Friede werde nach all dem Leid. Der Geist Gottes schwebte auf dem Wasser. Uns Hoffnung geben für diese Welt, Hoffnung für diese Welt in uns stärken, das will dieser Satz.

Und Gott sprach: „Es werde Licht!" Und es ward Licht. Und Gott sah, dass das Licht gut war. Finster ist es am Anfang allen Anfangs auf der Tiefe, und Gott macht, dass es hell wird. Auch hier lohnt es sich, näher hinzusehen: Gott erschafft das Licht durch sein Wort. Er spricht: „Es werde Licht!", und es geschieht. Souverän. Mühelos. Leicht. Genau das unterscheidet Gottes Schaffen von unserem. Auch wir schaffen ja, na klar, und wir sollen und wollen und werden im heute beginnenden Semester ja auch was schaffen, und am Ende des Semesters werden wir dann voraussichtlich einigermaßen geschafft sein und uns freuen auf die vorlesungsfreie Zeit. Auch wir schaffen, und das nicht zu knapp. Nur: So wie Gott schafft, schaffen wir nicht!

Jeder fleißige Universitätsangehörige und überhaupt jeder fleißige Mensch hier in Halle und anderswo weiß nur zu genau, dass die Götter *uns* vor den Erfolg nun mal den Schweiß gesetzt haben. Es ist gut, sich das klarzumachen, einmal um Enttäuschungen zu vermeiden (Die Studentin, die letztes Semester den Prüfungsraum betrat mit den Worten: „Es werde Latinum!" wird nochmal antreten und sich dann vorbereiten), und dann, wichtiger noch, um die Einzigartigkeit des Schaffens Gottes und um uns als seine Geschöpfe zu verstehen. Und um zu spüren: Es gibt Dinge, die wir nicht in der Hand haben. Es gibt Dinge, die wir nicht können. Es werde Licht! Wir können, wenn's dunkel ist, eine Kerze anzünden oder den Lichtschalter betätigen, immerhin. Aber dass es heute Abend dunkel und morgen früh wieder hell wird und wir dann den neuen Tag begrüßen und spüren dürfen, dass das Licht Quelle unseres Lebens ist, das entzieht sich all unseren Möglichkeiten. Wir sehen es an den Erntedankgaben auf dem Altar, da sind der Same ausgebracht, das Feld beackert und die Ernte eingefahren worden. Aber dass da überhaupt etwas wächst, ist nicht Resultat unseres Schaffens und nicht unser Verdienst. Die Grundlagen unseres Lebens verdanken sich nicht unserem Schaffen. Sie wurden, weil Gott sie schuf, und sind, weil Gott sie will. Wir können sie nur annehmen, bestaunen und dankbar sein: staunen darüber, dass es das Licht gibt, das die Dunkelheit überwindet und Leben ermöglicht. Staunen darüber, dass Menschen in das Licht dieser Welt hineingeboren werden und dass denen, die sterben, ein ewiges Licht leuchtet. Dankbar sein dafür, dass man am Ende sagen kann: Es ist gut, wie es ist. Und Gott sah, dass das Licht gut war. Aus einem tiefen Ja zum Leben kommt dieses Wort.

Da schied Gott das Licht von der Finsternis und nannte das Licht Tag und die Finsternis Nacht. Da ward aus Abend und Morgen der erste Tag. „Verwandlungen" heißt das Semesterthema der Universitätsgottesdienste in diesem Winter, und am Anfang dieses Semesters geht es um die Verwandlung der Nacht zum Tag. Und es lohnt sich auch hier, näher hinzusehen. Denn die Nacht zum Tag zu machen ist als solches zunächst mal keine so große Sache, manche von uns werden gleich heute Nacht damit anfangen bei den Semestereröffnungspartys, und manchem ordentlichen Professor wird im Rückblick auf sein eigenes Studium mindestens ein Semester einfallen, in dem er andauernd die Nacht zum Tag gemacht hat, Einzelheiten darf ich Ihnen an dieser Stelle ersparen. Manch gute Doktorarbeit an unserer Universität ist in einsamen nächtlichen Stunden geschrieben worden, weil am Tag keine Zeit dafür war. Die Nacht zum Tag machen können wir auch. Aber was Gott kann und was der Professor nicht kann, ist, durch die Verwandlung der Nacht zum Tag die Zeit in Gang zu setzen und in Gang zu halten.

In der Schöpfungsgeschichte der Bibel entsteht am Anfang allen Anfangs aus Abend und Morgen die Zeit, in die hinein Gott uns geschaffen hat, die Zeit, in der seit dem ersten und bis zum letzten Tag ein Jegliches seine Zeit hat: geboren werden und sterben, weinen und lachen, studieren und feiern, sich habilitieren, berufen werden, Anträge schreiben, in den Ruhestand gehen, Golf spielen. Wie immer wir sie füllen, die Zeit: Sie ist uns geschenkt. Und gerade wenn wir spüren, dass sie uns geschenkt ist, begreifen wir plötzlich, wie kostbar sie ist, merken wir, wie schnell sie vergeht, nehmen uns dann auf einmal Zeit, halten inne, bestaunen, was das Leben alles für uns bereithält in jeder einzelnen Stunde, auch in denen, die wir nicht an der Universität verbringen. So ward aus Abend und Morgen der erste Tag: Uns dankbar machen für die Zeit, die wir leben dürfen, will dies Wort.

Am Anfang schuf Gott Himmel und Erde. Ein großartiger Text zur Semestereröffnung, ehrwürdig, faszinierend, geheimnisvoll, ein Text, der uns hineinnimmt in ein tiefes Staunen über die Wunder dieser Welt. Und nun bleibt am Ende die Frage, was all das, abgesehen davon, dass wir uns vielleicht wirklich mal wieder ein bisschen mehr wundern könnten, was all das denn nun konkret bedeuten könnte für uns, für unsere Martin-Luther-Universität und für das Semester, das heute beginnt? Was ist mit den Sätzen über den Anfang allen Anfangs am Anfang dieses Semesters anzufangen? Ich will das am Schluss der Predigt anhand der drei Punkte sagen, die sich beim näheren Hinsehen ergeben haben.

Erstens: Das Chaos bleibt begrenzt. Selbst in Sachsen-Anhalt. Ich gebe zu, liebe Gemeinde, angesichts der Hochschulpolitik in diesem Land muss man schon einigermaßen gläubig sein, um das so sagen zu können: Das Chaos bleibt begrenzt. Aber wenn es so ist, dass der Geist Gottes vom ersten Tag an schützend über den Untiefen der Chaoswasser schwebt, dann haben wir keinen Anlass, uns von dem, was an Einschnitten, Kürzungen und sonstigem Ungemach anstehen könnte, die Begeisterung fürs Forschen, Lehren und Lernen nehmen zu lassen. An der Martin-Luther-Universität wird auch in Zukunft gute Forschung und gute Lehre gemacht werden. Und damit fangen wir heute und morgen wieder mal an.

Zweitens: Das Licht ist da. Auch in der nun langsam dunkler werdenden Jahreszeit. Im Herbst, in dem wir uns befinden, und im Winter, auf den wir zugehen, sehnen wir uns wohl mehr als sonst nach dem schöpferischen Handeln Gottes, das Dunkelheit in Licht verwandelt. Aber vielleicht nehmen wir gerade in der dunklen Jahreszeit auch die Zeichen für dieses Handeln Gottes sensibler wahr: das ewige Licht am Totensonntag, die Kerzen im Advent, den Stern von Bethlehem, das Licht von Epiphanias? Die Universitätsgottesdienste werden kontinuierlich berichten.

Und drittens und letztens: Die Zeit ist uns geschenkt. Vielleicht gelingt es uns in diesem Semester ja hie und da, mitten in unseren ganz normalen Arbeitsprozessen auf neue Ideen zu stoßen. Vielleicht gelingt es, die Universität auch über das akademische Treiben hinaus als Raum zu gestalten, in dem man Zeit miteinander verbringt. Vielleicht gelingt es, inmitten der langwierigen Suche nach wissenschaftlichen Antworten das Staunen zu lernen. Und sich zu fragen, ob die Welt mit allem, was darinnen ist, und ob die Zeit, in der wir leben, sich Gott verdankt, auch jedes neue Semester an unserer Universität. Amen.

Und der Friede Gottes, der höher ist als all unsere Vernunft, der bewahre unsere Herzen und Sinne in Christus Jesus. Amen.

Lied: EG 288, 1–7
Psalm 33,1–12
Atl. Lesung: Prediger 3,1–15
Evangelium: Matthäus 28,16–20

ALLESKÖNNER

Semestereröffnungspredigt
Marktkirche Halle (Saale)
7. April 2014
Markus 9,17–27[1]

Einer aus der Menge aber sagte: „Meister, ich habe meinen Sohn hergebracht zu dir, der hat einen sprachlosen Geist. Und wo er ihn erwischt, reißt er ihn; und er hat Schaum vorm Mund und knirscht mit den Zähnen und wird starr. Und ich habe mit deinen Jüngern geredet, dass sie ihn austreiben sollen, und sie konnten es nicht." Er aber antwortete ihnen und sprach: „O du ungläubiges Geschlecht, wie lange soll ich bei euch sein? Wie lange soll ich euch ertragen? Bringt ihn her zu mir!" Und sie brachten ihn zu ihm. Und sogleich, als der Geist Jesus sah, riss er den Knaben. Und der fiel auf die Erde, wälzte sich und hatte Schaum vor dem Mund. Und Jesus fragte den Vater: „Wie lange ist's, dass ihm das widerfährt"? Er sprach: „Von Kind auf. Und oft hat er ihn ins Feuer und ins Wasser geworfen, dass er ihn umbrächte. Wenn du aber etwas kannst, so erbarme dich unser und hilf uns!" Jesus aber sprach zu ihm: „Du sagst: ‚Wenn du kannst' – alle Dinge sind möglich dem, der da glaubt." Sogleich schrie der Vater des Kindes: „Ich glaube; hilf meinem Unglauben!"

Als nun Jesus sah, dass das Volk herbeilief, bedrohte er den unreinen Geist und sprach zu ihm: „Du sprachloser und tauber Geist, ich gebiete dir: Fahre aus von ihm und fahre nicht mehr in ihn hinein!" Das schrie er und riss ihn sehr und fuhr aus. Und der Knabe lag da wie tot, so dass die Menge sagte: „Er ist tot." Jesus aber ergriff ihn bei der Hand und richtete ihn auf, und er stand auf.

Liebe Universitätsgemeinde,

das ist eine irritierende, fast verstörende Geschichte zu Semesterbeginn. Da wütet ein Dämon. Da wälzt sich einer auf der Erde mit Schaum vorm Mund. Da fleht ein verzweifelter Vater um Hilfe. Da tritt ein Wundertäter auf. Da wird ein Besessener geheilt. Man fragt sich, was man mit all dem anfangen soll. Wobei die Geschichte einen andererseits auch nicht loslässt. Erleichtert wäre man, könnte man sich sicher sein, dass das alles nichts mit einem selbst zu tun hat. Und gern wüsste man, was wohl wäre, wenn doch.

„Und ich habe mit deinen Jüngern geredet, dass sie ihn austreiben sollen", sagt der Vater des Knaben zu Jesus, „und sie konnten es nicht". Wenn man irgendwo Zugang zu der Erzählung findet, dann hier. Ein Vater sucht Rettung für seinen besessenen Sohn – aber helfen? Die Jünger schaffen es nicht. Enttäuschungen, Beschwerden, Frustrationen. Und wir? Das Land Sachsen-Anhalt, die Stadt Halle und die Martin-Luther-Universität stehen vor gewaltigen Problemen. Aber wie kann man Wege gehen, auf denen man möglichst viele mitnimmt und Maßnahmen ergreift, die helfen? Man kann Beispiele von außerhalb der Uni ergänzen. Flüchtlinge suchen eine Bleibe und finden keine. Pflegekräfte bräuchten Zeit und haben keine. Löbliche Initiativen versanden im Dschungel der Bürokratie. Sind wir von Dämonen umgeben? Solchen, mit denen wir nicht klarkommen? „Und ich habe mit deinen Jüngern geredet, dass sie ihn austreiben sollen, und sie konnten es nicht."

Die Jünger können es nicht – jedenfalls nicht in unserer Geschichte. Sie kommen gegen den Dämon nicht an. Sie wollen zwar. Und sie versuchen es auch. Aber sie können keine Wunder tun. Sie machen ihre Arbeit so gut wie möglich, sie setzen sich ein, engagieren sich, viele weit über das Erwartbare hinaus. Sie investieren Zeit und Kraft. Und das ist auch nicht alles umsonst: Sie bringen Dinge voran hier und da, können wohl auch mal ein Unglück lindern. Aber mit den echten Problemen im Großen und im Kleinen werden sie nicht fertig. Manches von dem, was sie gern erreichen würden, lässt sich nicht realisieren. Vieles von dem, was ihnen wichtig wäre, muss zurückstehen. Sie stecken in Sachzwängen. Sie sehen die Ambivalenzen. Und sie haben viel zu viel zu tun. Das kommt den Dämonen gut zupass. „Die meisten Menschen verarbeiten den größten Teil der Zeit, um zu leben, und das bisschen, das ihnen an Freiheit bleibt, ängstigt sie so, dass sie alle Mittel aufsuchen, es wieder loszuwerden." Das hat Goethe gesagt, und wahrscheinlich stimmt es sogar.

Und Jesus sprach: „Bringt ihn her zu mir!' Und sie brachten ihn zu ihm. Und sogleich, als der Geist Jesus sah, riss er den Knaben. Und der fiel auf die Erde, wälzte sich und hatte Schaum vor dem Mund."

Damit etwas anzufangen ist schwer, allzu fremd hört sich das an. Was nicht bedeutet, dass es mit uns nichts zu tun hätte. Natürlich, liebe Universitätsgemeinde, haben wir keinen Schaum vor dem Mund. Natürlich wälzen wir uns nicht auf der Erde. Wir schreien auch nicht rum, selbst wenn uns manchmal danach zumute ist. Wir stehen unseren Mann oder unsere Frau, haben uns im Griff, bewahren die Contenance. Wir pflegen kultivierte Umgangsformen, reden, hören zu, diskutieren, wir denken nach vorne, forschen, lehren und lernen, besuchen den Universitätsgottesdienst. Tatendurstig und voller Erwartung starten wir heute ins neue Semester.

Ich bin nicht sicher, ob all das auch bedeutet, dass es bei uns keine Dämonen gibt. Was, wenn die Dämonen sich längst auf die Kommunikationskultur der Moderne eingestellt hätten? Und das würde ja bedeuten: Was, wenn sie sich auf uns eingestellt hätten, wenn sie sich also heutzutage gar nicht mehr auf archaisch-monströse Weise zeigen würden mit Schaum vor dem Mund, sondern ganz normal daher kämen, vernünftig argumentierend, Strukturpläne vorlegend, Tages- und Geschäftsordnungen respektierend, Leistungsanreize setzend, Versprechungen machend, Zielvorgaben formulierend, Workloads berechnend, Erfolge in Aussicht stellend, Sachzwänge schaffend, uns vollendete Tatsachen vorspiegelnd, sich im Gewande der Moral, des Rechts, auch der Wissenschaftlichkeit präsentierend?

Könnte es sein, dass wir – auch ohne Schaum vorm Mund zu haben – solchen modernen Dämonen ausgeliefert sind? Studenten, die vor ein paar Jahrzehnten wegen schönen Wetters der Vorlesung ferngeblieben wären, fehlen heute wegen Erschöpfungssyndrom und Depressionen. Manch besonders Engagierte finden nachts keinen Schlaf, weil die Sorge auf ihrer Seele lastet wie Blei. Bei vielen schleicht sich der Eindruck ein, dass sie nur noch Getriebene sind, irgendwie mechanisch weiterlaufen, funktionieren – ohne Resonanz und Gefühl. Und hier und da ziehen sich gerade die Aufmerksamen und Sensiblen ins Private zurück, weil sie irgendwann sprachlos werden und taub im Kampf gegen die gleichmäßig mahlenden Mühlen. Und Jesus sprach: „Bringt ihn her zu mir!" Wer ist eigentlich gemeint?

„Wenn du aber etwas kannst, so erbarme dich unser und hilf uns!", bittet der Vater des Knaben. Und Jesus antwortet: „Du sagst: ‚Wenn Du kannst' – alle Dinge sind möglich dem, der da glaubt."

Alle Dinge sind möglich dem, der da glaubt. Das, liebe Gemeinde, ist der Knackpunkt in unserer Geschichte, das ist der Moment, in dem es dem

Dämon ans Leder geht. Alle Dinge sind möglich dem, der da glaubt: Ein seltsamer, ein irritierender und ein aus dämonischer Sicht höchst beängstigender Satz. Also: Wenn ich Dämon wäre, ich würde schon aus Gründen der Selbsterhaltung alles daran setzen, dass möglichst niemand von uns mit diesem Satz irgendwas anfangen kann. Alle Dinge sind möglich dem, der da glaubt: Wenn ich Dämon wäre, ich würde versuchen, das zu diskreditieren als Realitätsverlust, als Größenwahn, als Spinnerei und Unsinn. Aber ich bin nun mal kein Dämon, sondern Universitätsprediger der Martin-Luther-Universität.

Als solcher erlaube ich mir im Namen unseres Semestereröffnungspredigttextes die Rückfrage: Ist das wirklich nur Unsinn? Oder gibt es nicht doch so etwas wie eine – sagen wir mal – dämonenentwaffnende Unbedarftheit des Glaubens? Oder anders und im Sinne unseres Semesterthemas formuliert: Gibt es nicht doch so etwas wie ein Gottvertrauen, das sich von nichts und niemandem beeindrucken lässt und das ganz normale dämonengeplagte Menschen wie Dich und mich unversehens zu Alleskönnern macht? Eins steht jedenfalls fest: Jesus, der Wundertäter in unserer Geschichte, glaubt nicht, dass wir es nicht schaffen. Er geht nicht davon aus, dass man den Dämonen nicht beikommen kann. Er ärgert sich zwar über uns („du ungläubiges Geschlecht ... Wie lange soll ich euch ertragen?"), aber er lässt uns nicht weg damit, dass wir es nicht hinkriegen. Er gibt sich mit unserem Kleinglauben nicht zufrieden. Er findet sich nicht damit ab, dass wir keine Wunder geschehen lassen an uns und anderen: „Alle Dinge sind möglich dem, der da glaubt". Wenn man damit etwas anfangen, wenn man das glauben könnte, was würde dann werden?

Und Jesus sprach: „Du sprachloser und tauber Geist, ich gebiete dir: Fahre aus von ihm und fahre nicht mehr in ihn hinein!' Das schrie er und riss ihn sehr und fuhr aus. Und der Knabe lag da wie tot, so dass die Menge sagte: ‚Er ist tot.' Jesus aber ... richtete ihn auf, und er stand auf."

Wer zu dem Wunder, das Jesus hier tut, Zugang findet, hat eins verstanden: Wo die Allmacht des guten Gottes sich Raum verschafft, sind die Dämonen verloren. Wo ich den guten und barmherzigen Gott Herr meines Lebens sein lasse, ist kein Platz für andere große und kleine Geister. Und wo kein Platz mehr ist für andere große und kleine Geister, da verlieren die Dämonen an Einfluss und Macht. „Alle Dinge sind möglich dem, der da glaubt", wenn wir das glauben könnten, dann könnte es sein, dass die bösen Geister, Gespenster und Dämonen irgendwann frustriert den Rückzug antreten, den Rückzug aus unseren manchmal so verzagten Herzen, den Rückzug aus unserem manchmal etwas strapazierten Nervenkostüm, den Rückzug aus den Umständen und Verhältnissen, denen wir uns ausgeliefert sehen. Wo Gottvertrauen einzieht, werden die Ängste weniger. Das Gefühl, nichts machen zu können, schwindet. Ich kann auch im Chaos den Durchblick behalten, muss mich nicht darauf fixieren, was alles schiefgeht, werde aufmerksam auf Chancen und Möglichkeiten, neugierig auf das, was Gott mit mir vorhat, zum Beispiel in diesem Semester. Die Verantwortung, die ich übernehme, kann mich tragen, vielleicht sogar beflügeln. Kommunikation kann gelingen. Gemeinsinn kann wachsen. Räume tun sich auf, in denen Menschen aus der Kraft dieses Gottes ihr Leben in Freiheit gestalten.

Und so führt – bei allem, was wir menschenmöglich, aber eben immer auch dämonenbedroht tun –, so führt am Ende nichts anderes als der Glaube, führt nichts anderes als das Vertrauen auf Gottes Macht zu dem aus dämonischer Perspektive wahnsinnig ärgerlichen Ergebnis, dass immer wieder Menschen sich als unbeeindruckt, als unbestechlich, aus dämonischer Perspektive könnte man sagen: als gespenstisch immun erweisen gegen Versuchungen und Einflüsterungen, gegen Resignation und Verwirrung, gegen Niedergeschlagenheit und Angst, gegen Falschheit und Gier, gegen Verblendung und Verführung jeglicher Art. Und dann passieren halt auf einmal seltsame, irritierende Dinge, und bereits totgesagte Jünglinge stehen plötzlich wieder auf, hilflose Jüngerinnen und Jünger werden plötzlich zu Alleskönnern, ewig gestrige Chauvinisten zu Frauenverstehern, Griesgrame zu Feierbiestern, Querulanten zu Friedensstiftern, Unglücksraben zu Lebenskünstlern, mausgraue Mäuseriche zu Himmelsstürmern, und wer auch immer am 13. Juli in Rio de Janeiro Weltmeister 2014 wird: Die Dämonen werden es jedenfalls nicht. Wir werden uns das in den Universitätsgottesdiensten dieses Semesters im Einzelnen ansehen und unterwegs hoffentlich immer wieder spüren: Wir modernen Jünger, die wir helfen, retten und Wunder tun wollen, können frei werden dazu, uns von den Dämonen unserer Tage zu lösen und uns im Glauben an Gottes Macht von Seiner Kraft erfüllen zu lassen. Geht das? Gibt's das? Können wir das?

„Wenn du aber etwas kannst, so … hilf uns!", hatte der Vater zu Jesus gesagt. Jesus aber sprach: „Du sagst: ‚Wenn du kannst?' – alle Dinge sind möglich dem, der da glaubt." Und sogleich schrie der Vater des Kindes: „Ich glaube; hilf meinem Unglauben!" Amen.

Und der Friede Gottes, der höher ist als all unsere Vernunft, der bewahre unsere Herzen und Sinne in Christus Jesus. Amen.

LIED NACH DER PREDIGT: EG 72 MIT DEM TEXT GL 643 (ALLE FÜNF STROPHEN)
EPISTEL: 1. JOHANNES 5,1–5
EVANGELIUM: MARKUS 4,35–41

Anmerkung:

1 Die Predigt ist im Aufbau und in einigen Formulierungen inspiriert von M. Josuttis: Die Heilung des modernen Menschen (Markus 9,15–29). In: ders.: Offene Geheimnisse. Predigten. Gütersloh 1999, S. 113–118. Darüber hinaus sind einige Formulierungen eng angelehnt an meine eigene Predigt J. Ulrich: Vollmacht (Markus 1,21–28). In: ders.: Die bunte Gnade Gottes. Hallesche Universitätspredigten 2007–2011. Dößel 2012, S. 53–58.

Glückskind

Semestereröffnungspredigt zum Wintersemester 2014/15
Marktkirche Halle (Saale)
13. Oktober 2014
1. Mose 50,15–26

Die Brüder Josefs aber fürchteten sich, als ihr Vater Jakob gestorben war, und sprachen: "Josef könnte uns gram sein und uns alle Bosheit vergelten, die wir an ihm getan haben." [...] Und seine Brüder [...] fielen vor ihm nieder und sprachen: "Siehe, wir sind Deine Knechte!" Josef aber weinte, als sie das zu ihm sagten. Und er sprach zu ihnen: "Fürchtet Euch nicht! Stehe ich denn an Gottes statt? Ihr gedachtet es böse mit mir zu machen, aber Gott gedachte es gut zu machen, um zu tun, was jetzt am Tage ist, nämlich am Leben zu erhalten ein großes Volk. So fürchtet Euch nicht: Ich will Euch und Eure Kinder versorgen." Und er tröstete sie und redete freundlich mit ihnen.

So wohnte Josef in Ägypten mit seines Vaters Hause und lebte 110 Jahre und sah Ephraims Kinder bis ins dritte Glied. [...] Und Josef sprach zu seinen Brüdern: "Ich sterbe; aber Gott wird Euch gnädig heimsuchen und Euch aus diesem Lande führen in das Land, das er Abraham, Isaak und Jakob zu geben geschworen hat." So nahm er den Eid von den Söhnen Israels und sprach: "Wenn Euch Gott heimsuchen wird, dann nehmt meine Gebeine mit von hier." Und Josef starb, als er 110 Jahre alt war, und sie legten ihn in einen Sarg in Ägypten.

Liebe Universitätsgemeinde,

„… irgendwo auf der Welt ist ein kleines bisschen Glück / und ich träum davon in jedem Augenblick." Es ist wohl so, dass der Mensch sich immerfort nach Glück sehnt. Wir hoffen auf Glück, träumen davon: von der großen Liebe, vom Erfolg in Studium und Beruf, von Zufriedenheit, guter Gesundheit, einem gesegneten Alter. Wir wünschen einander Glück („Viel Glück!"). Viel Erfolg für das beginnende Semester! Und wir erleben so ein kleines bisschen Glück alle Tage: ein wunderbares Fest mit Freunden, die unvergleichlichen Farben des Herbstes, das Klingen einer vertrauten Melodie, das Lächeln eines lieben Menschen, brillant inszenierte Komik, über die ich mich auch beim x-ten Mal amüsiere („Ein Klavier, ein Klavier!"), die Szenen von damals – der kleine Junge in meiner Nachbarschaft, der sein frisch gebadetes Meerschwein trocken föhnt und beide, er noch mehr als das Meerschwein, sehen dabei richtig glücklich aus. Ein Glückskind, der Junge.

Auch Josef, wenngleich wir über sein Verhältnis zu Meerschweinen wenig wissen, auch Josef ist so ein Glückskind, seine Lebensgeschichte eine Glücksgeschichte, sein Geschick wendet sich Zug um Zug vom Bösen zum Guten. Aus der Tiefe des Brunnens, in den er durch den Verrat der Brüder geraten ist, und aus dem Zuchthaus in Ägypten, in dem er dank der etwas problematischen Frau des Pharao gelandet war, steigt er auf bis zum obersten Verwaltungschef des Landes, wird Vizepharao, zweiter Mann im Staat, heiratet eine ägyptische Priestertochter, wird Vater zweier Söhne, Manasse und Ephraim, sieht Enkel und Urenkel aufwachsen, erreicht bei guter Gesundheit ein gesegnetes Alter von 110 Jahren, und zuletzt verspricht man ihm gar noch, dass seine Gebeine eines Tages mitgenommen werden ins verheißene Land.

„Mehr geht nicht", könnte man da sagen, wenn das kein Glückskind ist, wer dann? Und doch: Was die Josefsgeschichte zu einer echten Glücksgeschichte macht, liegt noch mal auf einer anderen Ebene. Dem Erzähler geht es in der Schlussszene ja gar nicht um die großen Glücksmomente aus Josefs Leben. Das wahre Glück besteht für ihn vielmehr darin, dass die Beziehung zwischen Josef und den Brüdern geheilt wird. Thomas Mann hat das in seinem Josefsroman wunderbar herausgestellt: Das eigentliche Glück besteht darin, dass die Brüder am Ende „einander lachend und weinend in den Armen liegen", dass Josef nach allem, was vorgefallen ist, seine Brüder lieben und trösten und freundlich mit ihnen reden kann, sich aussöhnen kann mit ihnen und mit seinem eigenen Leben. Frieden finden nach innen und außen: Das ist Glück.

Das gilt einerseits von den Brüdern, mit denen man ja nicht wirklich tauschen möchte in dieser Szene („Josef könnte uns all die Bosheit vergelten, die wir an ihm getan haben" – eine nahe liegende Befürchtung). Schrecklich, zu merken, dass ich etwas nicht mehr ungeschehen machen kann und nun Konsequenzen befürchten muss. Umso befreiender der Zuspruch („Fürchtet Euch nicht!"), die freundliche Anrede, die versöhnende Hand. Geradezu erlösend ist es, wenn ich trotz und angesichts dessen, was ich nicht mehr ungeschehen machen kann, einen Zuspruch von Güte erfahre, der bewirkt, dass die Last meines eigenen Tuns von mir abfällt. Und Glückskinder sind ja nicht nur die Brüder, denen vergeben wird. Sondern Glückskind ist auch Josef, der vergeben kann. Die Tränen, die er weint, als seine Brüder vor ihm stehen, sind Tränen des Glücks. Die Brüder wiederzusehen ist ein Geschenk, eine Chance zur Versöhnung, nicht eine Gelegenheit zur Rache. Auch Josef kann loslassen. Auch er kann frei werden. Auf den ganzen unangenehmen Gefühlen von Verletzung und Ärger muss er nicht sitzen bleiben. Das hilft, sich des Positiven bewusst zu werden, falschen Stolz abzulegen, sich selbst weniger wichtig zu nehmen, dankbar zu sein dafür, neu anfangen zu können. Was für ein Glückskind auch er!

Wie kann es sein, dass einer vergeben kann? Wie werden wir versöhnungsfähige Menschen? Der Schlüssel liegt in jener seltsam anmutenden Frage: „Stehe ich denn an Gottes statt?" Wir wollen mal hoffen und eigentlich auch davon ausgehen, dass das eine rhetorische Frage ist, die die Antwort „nein" in sich trägt: Versöhnungsfähig werde ich, wenn ich weiß, dass ich *nicht* an Gottes statt stehe, wenn ich glauben kann, dass da noch mal eine andere Instanz, wohl auch eine andere Gerechtigkeit ist, die höher ist als ich selbst. Vergeben kann ich, wenn ich darauf vertraue, dass mir selbst von Gott vergeben wird, dass da ein guter Gott ist, der für mich sorgt, was immer ich an Gutem oder Bösem tue oder erleide. Und mich damit rechnen lässt, dass dieser gute Gott einen Plan für mein Leben hat, sodass all mein Planen, Denken, Studieren, Arbeiten und auch Entscheiden zwar wichtig, aber nicht letztwichtig ist, sondern geborgen in jener höheren Macht. „Gott gedachte es gut zu machen", kann Josef nach all den Irrungen und Wirrungen seines Lebens am Ende sagen. „Gott wollte am Leben erhalten ein großes Volk", so deutet er sein Geschick. Man könnte den Schluss der Josefsgeschichte zum Anlass nehmen, innezuhalten und selbst einmal zurückzuschauen und gewahr zu werden, wie viel Glück Gott mir in meinem Leben schon geschenkt hat. An gelingende Beziehungen würde man da wohl denken, an Freundschaft, an Liebe, an Türen, die sich öffneten, als die, durch die ich eigentlich gehen wollte, verschlossen war, an Sorgen, die sich unverhofft aufgelöst haben wie von selbst.

Natürlich, liebe Gemeinde, ich räume ein, man könnte im Blick auf die Josefsgeschichte wie im Blick auf manche Irrungen und Wirrungen in unserem eigenen Leben – man könnte natürlich manchmal auch fragen, ob Gott sich nicht unter Umständen auch etwas weniger komplizierte, weniger anstrengende, geradere, transparentere Wege ausdenken könnte, um seinen guten

Willen zu verwirklichen. Aber da wir, wie wir gerade sahen, ja nicht an Gottes statt stehen, lassen wir diese Frage mal in Demut liegen und akzeptieren, dass man sich beim Thema Glück mitunter in Geduld üben muss. Manches wird vielleicht erst im Rückblick als Gottes guter Wille kenntlich.

Der dänische Philosoph Sören Kierkegaard hat einmal gesagt, das Leben werde nach vorwärts gelebt und nach rückwärts verstanden. Dänen lügen bekanntlich nicht, deswegen glaube ich, dass da was dran ist: Das Leben wird nach vorwärts gelebt und nach rückwärts verstanden. Wir leben nach vorwärts, auf die Zukunft hin, machen Pläne, zum Beispiel fürs neue Semester, zum Beispiel für unsere Universität, wir haben Hoffnungen und Wünsche, beruflich und privat, träumen vom kleinen bisschen Glück in jedem Augenblick. Nur: Oft zeigt sich erst im Rückblick, was wirklich gut und wirklich wichtig war. Ich kann mitten drin sein in einer Situation, ohne sie auch nur ansatzweise zu verstehen, das kommt selbst an Universitäten vor, wo die Leute qua Amt für's Verstehen zuständig sind. Ich kann mitten drin sein in einer Geschichte, ohne sie einordnen zu können, kann verzweifelt sein über einen Umstand, der sich vielleicht im Nachhinein als gar nicht so schlimm erweist, oder begeistert sein über einen Erfolg, der im Rückblick gar nicht so wichtig war. Erst im Rückblick kann man dann so etwas sagen wie: „Gott gedachte, es gut [mit mir] zu machen." Erst im Rückblick kann man sehen, was für ein Glückskind man ist.

Was das bedeuten könnte für uns und das heute beginnende Wintersemester an unserer Universität? Wenn wir uns Josefs Geschichte und seine Deutung seines Lebens vor Augen halten, könnten wir sagen: Was immer in diesem Semester passiert, was immer auf uns zukommt an Gutem und Schlechtem, an Ärgerlichem und Wundervollem, es wird am Ende bei Gott aufgehoben sein. Das sollte uns mancher Unkenrufe zur Zukunft unserer Universität zum Trotz zuversichtlich stimmen und gelassen machen. Zumal uns die ganz großen Kalamitäten Josefs ja ohnehin erspart bleiben werden, keiner von uns wird von bösen Brüdern in die Grube geworfen (dazu ist das Miteinander an unserer Universität einfach zu gut), und keiner von uns muss nach Ägypten verkauft werden (dazu ist die Finanzlage dann doch zu stabil – noch). Und die ganz großen Erfolge Josefs dürften uns übrigens auch verwehrt bleiben, niemand von uns wird Vizepharao werden, und vermutlich werden auch nur die Wenigsten von uns 110. Aber auch bei den weniger monumentalen, aber deswegen ja keineswegs weniger wichtigen Themen und Problemen *unse-*

res Alltags gilt: Unser Tun und Lassen, unser Leben und Weben wird bei Gott aufgehoben sein. Welche Abzweigung ich in den nächsten Monaten, in den nächsten Jahren auch nehme, welche Wege ich in meinem Studium, meinem Beruf, meinem Leben auch gehe, ich werde mich aussöhnen können mit meinem Leben und mit den Menschen: mit mir selbst und meinem Geschick, mit den anderen, denen, die mir Gutes taten, denen, die mich verletzt haben, denen, die mir begegnet sind, die Gott mir über den Weg geschickt hat. Ich werde schauen können auf richtige und falsche Wege, Umwege, Abwege, Auswege, und ich werde spüren: All das waren Gottes Wege mit mir durch mein Leben. Er gedachte, es gut mit mir, er gedachte, mich zum Glückskind zu machen. Gute Aussichten, wie ich finde! Mit ihnen wollen wir das neue Semester und alles, was es bringen wird, als „reine Glückssache" aus Gottes guter Hand entgegennehmen. Amen.

Und der Friede Gottes, der höher ist als all unsere Vernunft, der bewahre unsere Herzen und Sinne in Christus Jesus. Amen.

LIED: EG 351, 1 + 2 + 12 + 13
PSALM 124
ATL. LESUNG: 1. MOSE 37,12–28
EVANGELIUM: MATTHÄUS 9,1–8

Glückstreffer

Universitätsgottesdienst zu den Theologischen Tagen
Marktkirche Halle (Saale)
22. Januar 2015
1. Samuel 17 in Auswahl

Die Philister sammelten ihre Heere zum Kampf und es trat aus ihren Reihen ein Riese heraus mit Namen Goliath, sechs Ellen und eine Handbreit groß. Der hatte einen ehernen Helm auf seinem Haupt und einen ehernen Schuppenpanzer an und hatte eherne Schienen an den Beinen und einen ehernen Wurfspieß auf der Schulter. Und er rief dem Heer Israels zu: Erwählt einen unter euch, der zu mir herab komme. Vermag er gegen mich zu kämpfen und erschlägt mich, so wollen wir eure Knechte sein; vermag ich aber über ihn zu siegen und erschlage ihn, so sollt ihr unsere Knechte sein und uns dienen. Als Saul und ganz Israel dies hörten, entsetzten sie sich und fürchteten sich sehr.

David aber war der Sohn jenes Efratiters aus Bethlehem, der Isai hieß. Und David sprach zu den Männern, die bei ihm standen: Was wird man dem geben, der diesen Philister erschlägt und die Schande von Israel abwendet? Denn wer ist dieser, der das Heer des lebendigen Gottes verhöhnt? Da sagten sie ihm: Das und das wird man dem geben, der ihn erschlägt. Und sie sagten es Saul und der ließ David holen. Und David sprach zu Saul: Seinetwegen lasse keiner den Mut sinken; ich will hingehen und kämpfen. Saul aber sprach zu David: Du kannst nicht hingehen, um mit diesem Philister zu kämpfen; denn du bist zu jung dazu, dieser aber ist ein Kriegsmann von Jugend auf. David aber sprach zu Saul: Dein Knecht hütete die Schafe seines Vaters; und kam ein Löwe oder ein Bär und trug ein Schaf weg, so lief ich ihm nach, schlug auf ihn ein und errettete es aus seinem Maul. So habe ich Löwen und Bären erschlagen, und diesem unbeschnittenen Philister soll es ebenso ergehen; denn er hat das Heer des lebendigen Gottes verhöhnt. Und Saul sprach: Geh hin, der Herr sei mit dir!

Und Saul legte David eine Rüstung an, setzte ihm einen Helm auf und legte ihm einen Panzer an. David aber sprach: Ich kann so nicht gehen, ich bin's nicht gewohnt; und er legte es ab, nahm seinen Stab, wählte fünf glatte

Steine aus dem Bach und tat sie in die Hirtentasche, die ihm als Köcher diente, und nahm die Schleuder in die Hand und ging dem Philister entgegen.

Der Philister aber kam näher und fluchte dem David bei seinem Gott und sprach: Komm her, ich will dein Fleisch den Vögeln unter dem Himmel geben und den Tieren auf dem Felde. David aber sprach: Du kommst zu mir mit Schwert, Lanze und Spieß. Ich aber komme zu dir im Namen des Gottes Israels, den du verhöhnst. Und David tat seine Hand in die Tasche und nahm einen Stein und schleuderte ihn und traf den Philister an die Stirn, so dass der zur Erde fiel. Dann lief er hin, trat zu dem Philister, nahm dessen Schwert und hieb ihm den Kopf ab. Als aber die Philister sahen, dass ihr Stärkster tot war, flohen sie. David aber nahm das Haupt des Philisters und brachte es nach Jerusalem, seine Waffen aber legte er in sein Zelt.

Liebe Universitätsgemeinde,

es ist eine der bekanntesten Geschichten der Bibel, die uns zum Abschluss der Theologischen Tage im Universitätsgottesdienst begegnet. Und sie passt gut zum Thema dieser Tage. Denn es ist wohl allein die Heilige Schrift, die Texte solchen Formats bereithält, Geschichten, die zu allen Zeiten und zugleich zeitlos die Menschen bewegen. Im 1. Buch Samuel vor zweieinhalbtausend Jahren aufgezeichnet, ist die Erzählung von David und Goliath zu einem *der* Texte der Menschheitsgeschichte geworden, immer gültige Metapher für den Sieg des Kleinen über den Großen. Schwach gegen stark, Außenseiter gegen Favorit, die Rollen sind klar verteilt und dann geschieht das Unerwartete, Unglaubliche: Klein gewinnt, wie durch ein Wunder setzt der Underdog sich durch. Momente für die Ewigkeit sind das dann. Schäfer nach innen geflankt, Kopfball, abgewehrt, aus dem Hintergrund müsste Rahn schießen, Rahn schießt: Tor! Tor! Tor! Tor! Das Wunder von Bern, der Sieg gegen die unbesiegbaren Ungarn, ein Sieg des David über den Goliath.

Wobei: Beim näheren Hinsehen zeigt sich, dass man die biblische Geschichte nicht auf das Muster „Schwach schlägt Stark" reduzieren darf. Und womöglich gibt es im Leben sogar wichtigere Dinge als Fußball. Was jedenfalls den biblischen Erzähler interessiert, ist nicht so sehr die Frage nach Außenseiter oder Favorit, sondern die nach Gott. Natürlich kämpft in der Erzählung ein offensichtlich Starker, Goliath, gegen einen vermeintlich Schwachen, David, und natürlich steht der Ausgang scheinbar von Vornherein fest:

„Saul und ganz Israel [...] entsetzten [...] sich und fürchteten sich sehr." Aber so bedrohlich unser Erzähler den Goliath auch darstellt (sechs Ellen und eine Handbreit groß, Helm, Schuppenpanzer, Beinschienen, Wurfspieß – da kann einem Angst und Bange werden): Der eigentliche Anstoß liegt nicht in Goliaths beängstigender Stärke, sondern darin, dass er das Heer des lebendigen Gottes verhöhnt – ein Starker, der sich dermaßen stark fühlt, dass er auf den lieben Gott pfeifen zu können meint und sich über dessen Diener lustig macht. Und David? Natürlich zieht er als krasser Außenseiter in den Kampf.

Unbeholfen wirkt das, nicht mal mit der ihm zur Verfügung gestellten Rüstung kommt er klar („Ich kann so nicht gehen, ich bin's nicht gewohnt"). Mit Hirtenstab und Hirtentasche tritt er dem Riesen entgegen. Aber auch hier: Der eigentliche Punkt liegt nicht in seiner Besorgnis erregenden Schwäche, sondern in seiner unerschütterlichen Gewissheit, dass Gott seiner nicht spotten lässt. Und diese Gewissheit bewirkt, dass auch David seiner Sache sicher ist. Es „lasse keiner den Mut sinken [...] So habe ich Löwen und Bären erschlagen, und diesem unbeschnittenen Philister soll es ebenso ergehen; denn er hat das Heer des lebendigen Gottes verhöhnt." Die Erzählung überbietet das Schema „Schwach schlägt Stark", für das sie so gern in Anspruch genommen wird. Denn anders als beim Wunder von Bern und anders als bei den kleinen und großen Sensationen im Sport und anderswo geht es bei David und Goliath im Kern um die Botschaft, dass der Starke in all seiner Stärke den allmächtigen Gott nicht verachten darf. Und dass der Schwache in all seiner Schwäche mit der Gegenwart des lebendigen Gottes rechnen kann.

Wenn dem so ist, liebe Gemeinde, dann könnte man die Erzählung von David und Goliath zum Anlass nehmen, darüber nachzudenken, worauf wir eigentlich vertrauen im Leben und im Sterben – und warum. Neigen wir dem Goliath-Prinzip zu, das vor lauter eigener Stärke einen Herrn im Himmel weder braucht noch will? Oder leben wir aus dem David-Prinzip eines unbekümmerten Vertrauens auf den lebendigen Gott? Die Figur des David jedenfalls zeigt: Wer einen Herrn im Himmel hat, dessen Lage ist längst nicht so aussichtslos wie andere oder gar er selbst das vielleicht meinen oder sich einreden lassen. Wer einen Herrn im Himmel hat, lässt sich nicht zum Knecht der Philister und auch sonst zu keines Menschen Knecht machen, auch dann nicht, wenn er um die Freiheit kämpfen muss. Mag sein, dass ich mich manchmal müde, schwach und ausgeliefert fühle: Aber wenn ich Gott als meinen Herrn über mir weiß, wachsen mir eben auch Kräfte zu, die mir helfen, es mit manch gefährlich drohendem Riesen aufzunehmen. Wenn wir uns klar machen, wer denn am Ende wirklich die Macht hat, werden die Ängste kleiner. David-Prinzip, das bedeutet: Mag sein, dass ich klein bin. Aber kleinmütig bin ich deshalb noch lange nicht.

Ist das David-Prinzip unser Prinzip? Oder neigen wir eher dem Goliath-Prinzip zu, das im Vertrauen auf eigene Kraft den lebendigen Gott mehr oder minder entbehrlich findet? Worauf verlassen wir uns, wenn's drauf ankommt? Auf Kettenhemd, Beinschienen, Wurfspieße? Auf technischen Fortschritt? Auf Gesundheit und Vitalität? Auf das bisschen Geld, das ich mir zurücklege für später? Auf den Zaun, der meinen Vorgarten schützt? Ob die seltsame Gottvergessenheit, die in unserem reichen, alten Europa mitunter anzutreffen ist, gerade daher rührt, dass wir meinen, für uns selbst sorgen zu können – oder fürchten, für uns selbst sorgen zu müssen? Was, wenn das Kartenhaus des Alles-im-Griff-Habens von einem Augenblick auf den anderen zusammenfällt? Versteckt sich hinter unserer vermeintlichen Stärke eine tiefe Angst davor, dass am Ende nichts bleibt? Nun, liebe Gemeinde, machen wir uns nichts vor: Es ist so, dass am Ende nichts bleibt, außer man weiß etwas von dem Halt in Gott, dem Schöpfer, und in dem Menschenbruder, dem Christus, seinem Sohn. Aber auch das: Wenn ich diesem Halt in Gott vertraue, dann muss ich nicht ganz so viel Angst haben vor den anderen. Ich müsste mir dann wenigstens das bisschen Herzenswärme gönnen können, das mich fragen lässt, was ich für Not leidende, Asyl suchende, zuwandernde Menschen tun und nicht, wie ich das Abendland gegen sie verteidigen kann.

David oder Goliath? Hirtentasche oder Kettenhemd? Wo und auf welcher Seite stehen sie eigentlich, die Davids und die Goliaths unserer Tage? Wo sind sie zu finden? Es scheint so zu sein, dass gegenüber der alten biblischen Erzählung die Verhältnisse irgendwie komplizierter geworden sind. Wer will denn schon sicher sagen, wo und auf welcher Seite heute die kleinen, aber gottesfürchtigen und am Ende siegreichen Israeliten, wo und auf welcher Seite heute die kettenhemdstrotzenden, gotteslästernden, aber am Ende unterlegenen Philister sind? Und was, wenn die Sache noch vertrackter wäre, wenn die Grenze zwischen David und Goliath gar nicht zwischen Staaten, politischen Systemen, Institutionen, Religionen, was, wenn sie nicht einmal irgendwie quer zu ihnen verliefe? Was, wenn die Grenze zwischen David und Goliath jeden Menschen beträfe, jedes menschliche Herz? „Wenn es nur so einfach wäre! Wenn einfach böse Menschen gäbe und es nur nötig wäre, sie vom Rest von uns zu trennen und zu vernichten. Aber die Linie, die Gut und Böse trennt, verläuft durch das Herz eines jeden Menschen – und wer wäre schon bereit, einen Teil seines Herzens zu zerstören?", hat Alexander Solschenizyn einmal gefragt.

Was ist die Botschaft jener alten Geschichte? Was kann man mitnehmen aus ihr? Die Antwort ist einfach. Die Botschaft jener alten Geschichte lautet: Das Goliath-Prinzip wird scheitern. Goliath hat keine Zukunft. Ein einziger Stein aus Davids Schleuder streckt ihn nieder, sein abgeschlagener Kopf wird zur Mahnung nach Jerusalem gebracht, seine Rüstung verschwindet auf Nimmerwiedersehen in Davids Zeit. „Voll krass", so pflegten einst die Grundschulkinder in meinem Religionsunterricht dieses Ende zu kommentieren. Das trifft die Sache ziemlich gut. „Glückstreffer" ist der Universitätsgottesdienst heute Abend betitelt. Dahinter stehen kein Zynismus, keine Häme gegenüber dem Unterlegenen, keine Arroganz des Außenseiter-Siegers, der doch nur die Goliath-Anteile in sich selbst unterschätzt und überdies Mangel an Mitleid hat. Nein, hinter der Überschrift „Glückstreffer" steht in einer Mischung aus Erschrecken, aus Demut, aber auch aus ehrlicher Erleichterung das befreiende Wissen davon, dass Goliath, auch der Goliath in mir, scheitern, dass er *zum Glück* scheitern wird. Goliath hat keine Zukunft. Zu schwerfällig. Zu behäbig. Zu angestrengt. Zu brutal. Nicht offen genug, nicht beweglich genug für das Leben. An den selbst gewählten Kult eigener Stärke ausgeliefert. Und daran zugrunde gegangen.

Kann man für Goliath irgendwas tun? Um seinetwillen und zugleich, um andere vor ihm zu schützen? Kann Goliath gar gerettet, kann er zum Glauben oder wenigstens zur Vernunft gebracht werden? Kann Goliath Zug um Zug etwas weniger Goliath werden? Kann er umkehren, kann er, theologisch gesprochen, Buße tun? Wird er irgendwann seine Rüstung freiwillig ablegen? Und wenn ja, dann wann? Die biblische Erzählung macht da nicht allzu viel Hoffnung. Für den Goliath von vor zweieinhalbtausend Jahren weiß sie kein anderes Ende als den Tod. Aber wie immer es um die historischen Vorgänge von damals bestellt sein mag: Die bleibende Faszination des David-Prinzips könnte einen natürlich dazu verleiten, wenigstens die Frage zu stellen, ob man dem Goliath unserer Tage unter Umständen noch ein bisschen David-mäßiger beikommen könnte als David selbst es seinerzeit tat. Ohne Steinschleuder. Oder wenigstens ohne dem Goliath am Ende den Kopf abzuschlagen. Lohnt es sich, so etwas zu versuchen? Um Goliaths *und* um Davids willen? Was könnte einen motivieren, es zu riskieren? Das Vertrauen auf den lebendigen Gott? Unerschütterlicher Idealismus? Der Glaube an die Kraft des Wortes oder die des Arguments? Die Überzeugung, dass Bleistifte ein besseres Mittel des Streites sind als Bomben und Sturmgewehre?

Bernard Verlhac alias Tignous, französischer Karikaturist, Teil der Redaktion von „Charlie Hebdo", ermordet am 7. Januar in Paris, der sich als Mitglied der Künstlerorganisation „Cartooning for Peace" unermüdlich für Menschenrechte, Abrüstung und Umweltschutz eingesetzt und der als Zeichner für „Clowns ohne Grenzen" zahllosen kleinen und großen Kindern in aller Welt ein Lachen geschenkt hat, hat einmal auf die Frage eines Reporters, warum er eigentlich immer so unausgeschlafen aussehe, geantwortet: „Wenn ich sicher wäre, dass jede Zeichnung von mir eine Entführung abwenden, einen Mord verhindern oder nur eine Landmine entfernen würde, dann würde ich überhaupt nicht mehr schlafen, sondern nur noch zeichnen."

Und der Friede Gottes, der höher ist als all unsere Vernunft, der bewahre unsere Herzen und Sinne in Christus Jesus. Amen.

Lied: EG 368, 1 + 4 + 5 + 7
Psalm 27
Epistel: Galater 6,3–10
Evangelium: Matthäus 7,7–11

HOCHZEITSGARDEROBE

Universitätsgottesdienst Sommersemester 2015
Schlosskirche Wittenberg
14. Juni 2015
Kolosser 3,12–17

Als die Auserwählten Gottes, als die Heiligen und Geliebten, zieht nun an herzliches Erbarmen, Freundlichkeit, Demut, Sanftmut, Geduld. Und ertrage einer den anderen und vergebt euch untereinander, wenn jemand Klage hat gegen den anderen; wie der Herr euch vergeben hat, so auch ihr! Über alles aber zieht an die Liebe, die da ist das Band der Vollkommenheit. Und der Friede Christi, zu dem ihr auch berufen seid in einem Leibe, regiere in euren Herzen; und seid dankbar! Lasst das Wort Christi reichlich unter euch wohnen: Lehrt und ermahnt einander in aller Weisheit; mit Psalmen, Lobgesängen und geistlichen Liedern singt Gott dankbar in euren Herzen. Und alles, was ihr tut mit Worten oder mit Werken, das tut alles im Namen des Herrn Jesus und dankt Gott, dem Vater, durch ihn.

Liebe Wittenberger Schlosskirchengemeinde,
liebe Halle-Wittenberger Universitätsgemeinde,
liebe Festgemeinde zum Fest von „Luthers Hochzeit",

wer hätte das nicht schon erlebt: Ratlos und irgendwie frustriert steht man vor einem gut gefüllten Kleiderschrank, überlegt hin und her und denkt: „Ich hab eigentlich gar nichts zum Anziehen!" Ich kenne Frauen, die sagen, dass Frauen eigentlich nie etwas zum Anziehen haben. Das will ich jetzt nicht kommentieren, sondern nur aus einer gewissen Selbstbeobachtung heraus ergänzen. Auch Männer, sogar Männer fragen sich mitunter: Was ziehe ich an? Was steht mir? Was passt? Wer bin ich und als wer will ich mich den anderen zeigen?

Die Universitätsgottesdienste der Martin-Luther-Universität haben in diesem Semester das Oberthema „Haute Couture", und es trifft sich gut, dass dieser Abschnitt aus dem Kolosserbrief heute auf dem Predigtplan steht. Er sagt uns nämlich, wer wir sind und was wir als die, die wir sind, anziehen können.

Und anders als viele Frauen und Männer, die manchmal ein wenig ratlos vor ihrem Kleiderschrank stehen, ist der Kolosserbrief nun überhaupt nicht der Meinung, dass *wir* nichts anzuziehen hätten. Im Gegenteil: Er öffnet uns ganz neu die Augen dafür, was es da alles so gibt.

Wobei: Bevor uns der Text zeigt, was es alles anzuziehen gibt, sagt er uns erst einmal, wer wir sind – Auserwählte Gottes, Heilige und Geliebte. Beim schnellen Lesen oder Hören fällt einem das vielleicht gar nicht so auf, zu sehr bleibt man hängen an den vielen Aufforderungen: Zieht dies und das an, ertragt einander, vergebt, seid dankbar, ermahnt, singt, dankt und so weiter … aber das Ganze geht los mit einer Zusage, die über all den Empfehlungen und Hinweisen steht.

Zuerst ist da die Anrede an uns, an Gottes Heilige und Geliebte. Als *solche* ziehet an – und erst dann kommt die liebe lange Liste mit all den Sachen, die sich in der Haute-Couture-Kollektion des lieben Gottes befinden. Und die wir uns jetzt der Reihe nach ansehen. Ich bin in unserem Abschnitt auf nicht weniger als vierzehn höchst adrette Kleidungsstücke gestoßen, die wir wunderbar tragen können, die uns frisch, jung, attraktiv, ansehnlich machen, die eigens für uns als die Auserwählten Gottes entworfen worden sind. Wer wollte da nicht gern mal anprobieren?

Also dann, das Erste, das aus dem Schrank hervorkommt: herzliches Erbarmen, kombiniert mit Freundlichkeit und Demut. Wie gut einem das zu Gesicht steht: sich die Sache seiner Mitmenschen angelegen sein lassen. Die Augen offen halten. Hingucken. Den anderen spüren lassen, dass er mir nicht egal ist. Sich jemandem zuwenden können. Sich auch mal Zeit nehmen. Und das kombiniert mit ein bisschen Freundlichkeit, einem Accessoire, dessen Effekt man nicht hoch genug schätzen kann: Wie oft ist es ein einziges freundliches Wort, das ich höre oder empfange, und schon fängt ein einigermaßen verkorkster Tag nochmal ganz neu an. Wobei ein echter Spitzendesigner wie unser Herrgott darauf achtet, dass herzliches Erbarmen und Freundlichkeit immer mit ein bisschen Demut daherkommen: Denn natürlich kann ich mit all meinem Erbarmen und all der Freundlichkeit, zu der ich fähig bin, weder die ganz großen Probleme lösen noch die Welt retten. Und da ist es eben die Demut, die mir sagt, dass ich das auch gar nicht muss, weil die Welt, auch wenn man's ihr nicht immer so ansieht, längst gerettet ist. Demut relativiert, Demut entlastet und Demut macht Mut, weil ich weiß, dass Wohl und Wehe in höherer Macht liegen als in meiner.

Mal ganz was Neues gefällig? Sanftmut, kombiniert mit Geduld. Sanftmut, das heißt: Umsicht walten lassen. Innehalten können. Erst mal zuhören, sich einlassen können. Ein Stück Weg mitgehen, Nein sagen kann ich immer noch. Geduld haben: warten können, weil ich auch den anderen in Gottes Hand weiß. Ich kann die Dinge, kann die anderen und wohl auch mich selbst nicht so ohne Weiteres ändern. Aber die Geduld hilft mir, das liebevoll anzunehmen. Geduld bedeutet, dass ich mich durch das Unglück, das ich sehe, nicht traurig machen lasse, hat Bernhard von Clairvaux einmal gesagt. Geduld gibt der Sanftmut langen Atem.

Schauen wir mal, was als Nächstes zum Vorschein kommt: einander ertragen, vergeben, friedensfähig sein. Was für ein tolles Outfit! Ertragen können, auch den, der mir kräftig auf die Nerven geht. Darauf hoffen können, dass andere mich ertragen, weil ich ja damit rechnen muss, dass ich meinerseits denen auch kräftig auf die Nerven gehe. Friedensfähig sein, den anderen so dastehen lassen wie er ist. Sich auch wider den Augenschein immer neu klar machen: Jeder ist Gottes Kind. Alle Menschen sind ein Geschenk Gottes, sie sind nur unterschiedlich leicht als solches identifizierbar. Sie brauchen, um im Bild zu bleiben, unterschiedlich lange, um sich auszustaffieren. Aber wie lange auch immer sie brauchen, sie sind und bleiben Kinder Gottes wie ich. Vergeben können, Frieden machen können, auch mit dem, was in meinem Leben, in meinen Beziehungen nicht gut gelaufen ist. Neu anfangen können. Auf unangenehmen Gefühlen von Verletzung und Ärger nicht sitzen bleiben, sondern ins Reine kommen und irgendwann auch wieder nach vorne sehen.

„Über alles aber zieht an die Liebe, die da ist das Band der Vollkommenheit." Das ist das Höchste. Das ist gleichsam der Gürtel, der die ganze Kleidung zusammenhält. Geliebt werden, lieben, das sind die stärksten Gefühle im Leben. In der Liebe machen wir die beglückende Erfahrung, dass unser Innerstes auf einmal gar nicht mehr bei uns selbst ist, sondern beim anderen, beim geliebten Du. Wenn wir lieben, kreist unser Leben nicht mehr um sich selbst. „Ein Christenmensch lebt nicht in ihm selbst", so hat Luther, übrigens schon fünf Jahre vor seiner Hochzeit mit Katharina, die Liebe beschrieben, ein Christenmensch entfernt sich heilsam von sich selbst, in der Liebe ist er ganz beim Nächsten. Das macht die ungeheure Kraft der Liebe aus, die alles erträgt, glaubt, hofft und duldet, wie Paulus einmal schrieb, und deshalb das schönste der Kleidungsstücke der Christen ist, sozusagen der Hochzeitsanzug, den man allerdings auch im Alltag wunderbar tragen kann.

Noch ein Stück aus der Kollektion des lieben Gottes: Seid dankbar! Ob die Dankbarkeit, ob das Lobenkönnen uns nicht besonders attraktiv macht? In den letzten Jahren sind mir an Autoheckscheiben und andernorts immer mal Aufkleber aufgefallen: „Haben Sie Ihr Kind heute schon gelobt?" Was uns bei den Kindern aus guten Gründen recht ist, das darf uns bei Gott, unserem Vater im Himmel, allemal billig sein: Haben wir Gott heute schon gelobt, ihm gedankt? Für diesen schönen Tag, für den Frühling und den Sommer, für das Leben, für die Liebe und dafür, dass wir seine Auserwählten sind? Für unsere Familien, für unsere Freunde und dafür, dass wir heute hier sein, Luthers Hochzeit feiern dürfen in Wittenberg?

Ein letzter Blick in den Kleiderschrank: Lasset das Wort Christi unter Euch wohnen: einander lehren, miteinander singen, so wie wir es ja gerade erleben in diesem Gottesdienst. Welcher Reichtum in diesem Wort Christi steckt, das seit zweitausend Jahren Menschen berührt! Wie schön es ist, diesen Reichtum weiterzugeben von Mensch zu Mensch, von den Eltern an die Kinder, von Generation zu Generation. Singen! Welche Schönheit doch steckt in unseren Liedern und der Musik. Singen löst Beklemmungen, Verengungen, Ängste. Es tut gut, zu singen, es befreit, wenn wir ordentlich schmettern können, und zudem ist das Lob des Singens implizit auch noch ein nützlicher Hinweis an den Prediger, langsam mal zum Schluss zu kommen, was ich dann auch tun will.

Liebe Gemeinde, das also ist sie, die Haute-Couture-Kollektion des lieben Gottes nach dem Kolosserbrief. All das liegt im Kleiderschrank des Herrn bereit. All das steht uns richtig gut. Von wegen, wir hätten nichts anzuziehen! Was der Herrgott für uns entworfen hat, ist edel, schick, kleidsam, attraktiv, vielfältig, bunt und mehr als genug. Man kann sich damit sehen lassen. Sie mögen vielleicht einwenden: Ja, aber das eine oder andere davon ist mir eine Nummer zu groß – keine Sorge, als Kind Gottes wächst man da manchmal auch in hohem Alter noch hinein.

Sie mögen sagen: Das eine oder andere davon passt nicht zu mir. Mag sein. Aber dann suchen wir uns doch einfach jeder und jede das für sich Passende aus. Es muss ja nicht jeder alles tragen. Aber es wird sich in jeder christlichen Gemeinde einer finden, zu dem es besonders gut passt. Sie mögen sagen: Das ist mir alles ein bisschen naiv, das mit dem Kleiderschrank. Im wirklichen Leben, in unserer Gesellschaft, wohl auch in unserer Kirche und allzu oft in meinem eigenen Herzen ist es nicht weit her mit herzlichem Erbarmen, und für Sanftmut und Geduld hab ich eigentlich gar keine Zeit. Mag sein, aber die Haute-Couture-Kollektion Gottes lädt uns ja auch ein, uns so zu zeigen, wie wir *aus Sicht des uns liebenden Gottes* sind, und nicht so, wie wir fern von Gott leider allzu oft auch sind. Kleider machen Leute, sagt der Volksmund. Wie, wenn wir als die Auserwählten Gottes die Kleider anziehen wollten, die für uns gemacht sind, um so für uns selbst und für die anderen als Auserwählte erkennbar zu werden. Eine solch wunderbare Kollektion muss man doch einfach gerne tragen, einander mit Freude zeigen, sich vielleicht auch wechselseitig mal ein Kompliment machen dafür, wie gut sie uns steht. Verbunden freilich mit einem noch größeren Kompliment an unseren Haute-Couture-Designer im Himmel, der uns besser und angemessener ausstattet als alle Lagerfelds und alle Armanis dieser Welt. Amen.

Der Friede Gottes, der höher ist als alle unsere Vernunft, der bewahre unsere Herzen und Sinne in Christus Jesus. Amen.

LIED NACH DER PREDIGT: EG 139 (SPÄTERE FORM), 1–5
EPISTEL: EPHESER 2,17–22
EVANGELIUM: MATTHÄUS 5,14–16

SCHULDENSCHNITT

Semestereröffnung Wintersemester 2015/16
Marktkirche Halle (Saale)
5. Oktober 2015
Lukas 16,1–8

Jesus sprach aber zu seinen Jüngern: Es war ein reicher Mann, der hatte einen Verwalter; der wurde bei ihm beschuldigt, er verschleudere ihm seinen Besitz. Und er ließ ihn rufen und sprach zu ihm: Was höre ich da von Dir? Gib Rechenschaft über Deine Verwaltung, denn Du kannst hinfort nicht Verwalter sein. Der Verwalter sprach bei sich selbst: Was soll ich tun? Mein Herr nimmt mir mein Amt. Graben kann ich nicht, auch schäme ich mich, zu betteln. Ich weiß, was ich tun will, damit sie mich in ihre Häuser aufnehmen, wenn ich von meinem Amt abgesetzt werde. Und er rief zu sich die Schuldner seines Herrn, einen jeden für sich, und fragte den ersten: Wie viel bist Du meinem Herrn schuldig? Er sprach: Hundert Eimer Öl. Und er sprach zu ihm: Nimm deinen Schuldschein, setze Dich hin und schreibe flugs fünfzig. Danach fragte er den zweiten: Du aber, wie viel bist Du schuldig? Er sprach: Hundert Sack Weizen. Und er sprach zu ihm: Nimm Deinen Schuldschein und schreibe achtzig.

Und der Herr lobte den ungetreuen Verwalter, weil der klug gehandelt hatte. Denn die Kinder dieser Welt sind unter ihresgleichen klüger als die Kinder des Lichts.

Liebe Universitätsgemeinde,

„Und denn, denn stehste vor Gott dem Vater stehste, der allens jewcckt hat, vor dem stehste dann, und der fragt Dir ins Jesichte: ‚Willem Voigt! Was haste jemacht mit Deinem Leben?' Und da muss ick sagen: ‚Fußmatte!' muss ick sagen. ‚Die hab' ick jeflochten im Gefängnis, und dann sind alle drauf rumjetrampelt!'" Was Gottvater dann sagen wird? Wird er so antworten, wie es der tragikomische Schuster aus Zuckmayers Hauptmann von Köpenick befürchtet: „‚Jeh wech!' sagt er! ‚Ausweisung!' sagt er. ‚Dafür hab ick Dir det

Leben nicht jeschenkt.'" Oder wird er ihn – wie Jesus den untreuen Verwalter – loben und ihn liebevoll den Kindern der Welt zuzählen, die nun mal irgendwie klüger sind als die Kinder des Lichts?

Es ist eine Gaunergeschichte, ein Ganovenstück, eine Köpenickiade, dieser Predigttext zur Eröffnung des Wintersemesters: fast filmreif das Ganze. Ein Verwalter geht mit dem Vermögen seines Herrn verschwenderisch um und wird folgerichtig entlassen. Weil er mit körperlicher Arbeit kein Geld verdienen kann und mit Betteln keines verdienen will, muss er sich irgendwas einfallen lassen. Und so nutzt er die wenige Zeit, die ihm im Amt verbleibt, und macht sich die Schuldner seines Herrn zu Freunden. Er hilft ihnen, gewährt ihnen einen Schuldenschnitt und hofft darauf, dass die ihm ihrerseits helfen werden, wenn er auf der Straße sitzt, frei nach dem Motto: Eine Hand wäscht die andere.

Ziemlich empörend, geradezu haarsträubend das Ganze und doch: Irgendwie schmunzelt man auch ein wenig über die frechdreiste Aktion, mit der dieser Unglücksmensch seinen Gaunereien am Ende die Krone aufsetzt. Und den, ausgerechnet so einen, lobt der Herr, weil er klug gehandelt hat? Kein „Jeh wech! Ausweisung!" wie in den schlimmsten Befürchtungen Willem Voigts, sondern ein lobendes: „Gut gemacht!" Stellt das nicht alles auf den Kopf, was recht und richtig ist? Sollen wir uns das gar zu eigen machen? Sollen wir ab morgen an unserer Universität Amtsmissbrauch, Urkundenfälschung und verschwenderischen Umgang mit Mitteln betreiben und die, die sowas tun, ob ihrer Klugheit obendrein loben? Nun, mal abgesehen davon, dass es an unserer Universität natürlich niemanden gibt, der sein Amt missbrauchen oder Urkunden fälschen würde, und mal abgesehen davon, dass uns vor verschwenderischem Umgang mit Mitteln der Finanzminister des Landes Sachsen-Anhalt zuverlässig schützt: Natürlich würde kein Rektor, kein Kanzler, kein Dekan derlei Machenschaften durchgehen lassen, und auch ich als Universitätsprediger kann sie nicht empfehlen.

Dann aber stellt sich die Frage, was denn bitte schön anzufangen sein soll mit diesem seltsamen Gleichnis. Den Weg zur Lösung weist da wie so oft der Namenspatron unserer Universität, Doktor Martin Luther, dereinst Professor für Bibelwissenschaften an unserer Alma Mater drüben in Wittenberg. In einer Predigt vom August 1522 über eben dieses Gleichnis sagt er: „Es haben sich viele hart bekümmert, was der unrechte Haushalter sei, dass Christus ihn so lobt. Aber kurz und einfach ist die Antwort, dass Christus uns den Haushalter nicht vorhält wegen seines Unrechts, sondern wegen seiner Weisheit, dass er mitten im Unrecht so weise seinen Nutzen schafft."

Jesus will uns mit diesem Gleichnis also zweierlei zeigen: Zum einen gefällt ihm die subversive Klugheit des Mannes, der sich nicht einfach in sein Schicksal ergibt, sondern einen Ausweg aus der Sackgasse sucht und einen findet und dabei nicht nur sich selbst hilft, sondern auch noch denen, die genau so arm dran sind wie er: den Schuldnern seines Herrn. Und zum Zweiten will Jesus mit dem Gleichnis Gott, der ja für den Großgrundbesitzer steht, als inkonsequent gnädigen Gott zeigen. Er vergibt seinem problematischen Verwalter, lobt ihn und stellt ihn als Beispiel hin. Das ist nach normalen Maßstäben nicht gerecht, natürlich nicht. Aber es könnte doch sein, dass es am Ende so etwas gibt wie eine inkonsequente Barmherzigkeit Gottes. Und es könnte gut sein, zu wissen, dass diese inkonsequente, meinetwegen ungerechte Barmherzigkeit Gottes auch uns, wenn wir einmal vor Gott dem Vater stehen, „der allens jeweckt hat", und der uns ins Gesicht fragt, was wir gemacht haben aus unserem Leben, dass diese ungerechte Barmherzigkeit Gottes dann Gott sei Dank auch uns gelten wird. Ich will von beidem reden, von der Klugheit des Verwalters und von der Barmherzigkeit Gottes, und ich schließe dann mit einem Gedicht von Erich Fried.

Zuerst also zur Klugheit des Verwalters: Die besteht schlicht darin, dass er die Zeit nutzt, die ihm bleibt. Er ist sich über seine Lage im Klaren. Er weiß, dass er in der Klemme sitzt. Seine Zukunft ist gefährdet. Aber er kapituliert nicht, gibt nicht auf, er versucht das Beste aus der Situation zu machen. Die Sorge vor dem, was ihm blüht, lähmt ihn nicht, sondern er ergreift – in zugeben problematischer Weise – die letzte Chance. Und so gebraucht Jesus das Beispiel des untreuen Verwalters, um uns zu zeigen, dass man die Zeit nutzen soll. Und vielleicht wählt er ausgerechnet das anstößige Beispiel eines Betrügers, um uns von manchem Selbstbetrug zu befreien. Wie oft reden wir uns ein, nichts tun zu können? Wie oft haben wir das Gefühl, ausgeliefert zu sein? Wie gern geben wir uns dem Hat-ja-eh-keinen-Zweck-Denken hin, das so viele Ansätze erstickt? Wie oft erliegen wir der Selbsttäuschung, dass wir uns einreden, alles richtig machen zu müssen! Natürlich wollen wir alles oder doch wenigstens so viel wie möglich richtig machen. Am liebsten wollen so viel richtig machen, dass wir uns wirklich und ernstlich zu den Kindern des Lichts zählen können. Aber sind wir das denn? Vielleicht kann uns das seltsame Gleichnis vom ungetreuen Verwalter in einer guten Weise daran erinnern, dass wir eben immer auch Kinder der Welt sind, verstrickt in die Dinge der Welt und in die Nöte jedes einzelnen Tages. Und da kann man dann wahrscheinlich gar nicht immer alles richtig machen. Machen können wir nur eines: die uns gegebene Zeit so gut wie möglich nutzen. Klug und geschickt. Gern im Rahmen der Vorschriften. Und ohne Urkundenfälschung. Aber vor allem immer mit der Entschlossenheit, pragmatisch Probleme zu lösen und das uns Mögliche zu tun.

So ganovenhaft der ungetreue Verwalter uns auch erscheint: Er hat in der Krise, in der er war, die kurze Zeit, die ihm blieb, genutzt – für sich selbst und für die Schuldner seines Herrn. Er hat nicht vorgehabt, alles richtig zu machen – das war angesichts seiner Biografie ja auch kaum noch zu erwarten. Er hat schlicht seine Haut gerettet, und wenn ihm das dadurch gelungen ist, dass er anderen auch noch Gutes tat, dann wäre man fast versucht zu sagen: umso besser. Recht verstanden, liebe Gemeinde: Ich will Ihnen nicht das Ungetreue am untreuen Verwalter zur Nachahmung empfehlen. Ich will aber darauf hinaus, dass seine kecke Entschlossenheit, seine Beherztheit und Tatkraft beispielhaft sind. Und ich würde mich nicht allzu sehr wundern, wenn wir angesichts der dramatischen Herausforderungen, vor denen unser reiches Europa und unsere arme Welt zurzeit stehen, eigentlich auf allen Ebenen diese Mischung aus mutiger Entschlusskraft und pragmatischer Klugheit dringend benötigen werden, um zu retten und zu helfen, und um Probleme mit Umsicht anzugehen, wo sie sich stellen.

Also klug sein wie der Halunke im Gleichnis! Geistesgegenwärtig den Nöten der Zukunft begegnen! Wie soll das gehen? Kann man das können? Ich denke, liebe Gemeinde, das ist wahrscheinlich nur möglich aufgrund einer Voraussetzung, die der zweite und letztlich wohl entscheidende Aspekt jenes Gleichnisses ist: dass wir nämlich einst einem Herrn im Himmel Rechenschaft werden geben müssen, bei dem wir darauf vertrauen können, dass der uns liebevoll, dass der uns mit inkonsequenter Barmherzigkeit begegnet. In gewisser Weise hat ja schon der untreue Verwalter in seiner Not genau das praktiziert, was zwar nach den Maßstäben dieser Welt gewiss nicht gerecht ist, was aber am Anfang von Gottes neuer Welt steht: Schuldenschnitt, Vergebung, Rettung, Neuanfang. Und Gott, der um fünfzig Eimer Öl und um zwanzig Sack Weizen geprellte Großgrundbesitzer, bestätigt ihn genau darin, indem er den Verwalter am Ende lobt. Es ist wahr: Es kommt darauf an, geistesgegenwärtig zu sein und klug.

Aber den Mut dazu, den findet man wohl am besten dann, wenn man glauben kann, dass einen am Ende, wenn man dann vor Gott dem Vater steht und der fragt Dir ins Jesichte: „Was haste jemacht mit deinem Leben!", dass es dann Gott sei Dank gleichviel ist, ob ich mit stolz geschwellter Brust erklären kann: „Ich war professoraler Top-Performer an einer bedeutenden Universität in Sachsen-Anhalt" oder „Ich hab mit summa cum laude promoviert, mit Eins-Komma-irgendwas meinen Master bestanden" oder ob ich sagen werde: „Ich hab' semesterweise Party gemacht und bin auch so durchs Studium gekommen ..." – ob ich wie Willem Voigt kleinlaut sagen muss: „Fußmatte!' muss ick sagen. ‚Die hab' ick geflochten im Gefängnis!'" oder ob ich wie unser untreuer Verwalter gestehen muss: „Ich hab' zu meinem eigenen und anderer Menschen Nutzen Schuldscheine gefälscht, es ging leider gerade nicht anders ..." – und was immer man sich sonst noch vorstellen mag, was man da wird sagen können und wird sagen müssen: Es wird am Ende der barmherzige Gott sein, der uns Kindern der Welt in Liebe begegnet. Es wird am Ende der barmherzige Gott sein, der auch unsere Schuldscheine zu unseren Gunsten und zu seinen Lasten zerreißt. Und der uns trösten wird damit, dass wir Kinder der Welt – was immer wir gemacht haben werden in und aus unserem Leben – in *seiner* Perspektive *seine* Kinder und *nur dadurch* eben auch Kinder des Lichts sind. Das wissen zu dürfen, dem zu vertrauen, macht handlungs- und zukunftsfähig und, wenn es gut geht, klug. Auch im neuen, heute beginnenden Semester.

Ich schließe wie angekündigt mit einem Gedicht von Erich Fried, „Kleines Beispiel":

„Auch ungelebtes Leben geht zu Ende / zwar vielleicht langsamer wie eine Batterie / in einer Taschenlampe // Aber das hilft nicht viel: / Wenn man (sagen wir einmal) / diese Taschenlampe / nach so- und so vielen Jahren anknipsen will / kommt kein Atemzug Licht mehr heraus / und wenn Du sie aufmachst / findest Du nur Deine Knochen / und falls Du Pech hast auch diese / schon ganz zerfressen // Da hättest Du genau so gut / leuchten können." Amen.

Und der Friede Gottes, der höher ist als all unsere Vernunft, der bewahre unsere Herzen und Sinne in Christus Jesus. Amen.

Lied: EG 497, 1 + 5 + 8 + 9 + 12
Psalm 8
Atl. Lesung: 2. Mose 1,22–2,10
Evangelium: Lukas 13,10–17

Wahre Verwandte

Semestereröffnungsgottesdienst Sommersemester 2016
Marktkirche Halle (Saale)
4. April 2016
Markus 3,31–35

Und es kamen seine Mutter und seine Brüder und standen draußen, schickten zu ihm und ließen ihn rufen. Und das Volk saß um ihn. Und sie sprachen zu ihm: Siehe, deine Mutter und deine Brüder und deine Schwestern draußen fragen nach dir!
 Und er antwortete ihnen und sprach: Wer ist meine Mutter und meine Brüder? Und er sah ringsum auf die, die um ihn im Kreise herum saßen, und sprach: Siehe, das ist meine Mutter und das sind meine Brüder! Denn wer den Willen Gottes tut, der ist mein Bruder und meine Schwester und meine Mutter.

Liebe Universitätsgemeinde,

ich habe einen Bruder. Aus den Worten des Markusevangeliums, die wir gerade gehört haben, tritt er gleichsam physisch hervor und mir zur Seite. Da sind Güte, Wohlwollen und Zuneigung, wie es das unter Geschwistern wohl geben mag. Ein schönes Gefühl: verbindlich und wunderbar vertraut. Unsere Blicke begegnen sich und ich weiß: Wir gehören zusammen.
 Ich habe einen Bruder. Das, liebe Gemeinde, ist die Pointe dieses Textes. Denn die kurze Episode über die „wahren Verwandten" Jesu ist nur an der Oberfläche eine Streit- und Konfliktgeschichte. Nur an der Oberfläche geht es darum, dass Jesus seine Angehörigen brüskiert. Natürlich: Seine Eltern und Geschwister hatten sich schon länger über ihn gewundert und konnten sich irgendwann des Eindrucks nicht mehr erwehren: Er ist von Sinnen! Natürlich: Mutter Maria und die Brüder und Schwestern werden entsetzt gewesen sein darüber, dass er sie öffentlich abblitzen lässt. Aber dieser Affront ist nicht die Pointe des Ganzen. Der Kern, der zentrale Satz der Geschichte besteht vielmehr darin, dass Jesus hinsieht auf die, die um ihn herum im Kreise sitzen – und zu ihnen spricht: Siehe, das sind meine Brüder (und Schwestern).

Ihr gehört zur Familie. Und das heißt für die Menschen damals in Galiläa wie für uns hier und heute in Halle: Wir haben einen Bruder. Einen, der wie selbstverständlich uns zur Seite steht: Wir gehören zusammen.

Wer zählt zu denen, die er seine wahren Verwandten nennt? Jesus wirft die Frage selbst auf („Wer ist meine Mutter und meine Brüder?"), um sie ohne Worte zu beantworten. Es heißt: „er sah ringsum auf die, die um ihn im Kreise herum saßen". Was im ersten Moment sprachlich fast ein wenig ungeschickt klingt, ist in Wahrheit nichts anderes als Martin Luthers wieder mal geniale Übersetzung dessen, was griechisch bei Markus tatsächlich so da steht: Er sieht rings um … auf die, die um ihn herum … im Kreis herum sitzen. Schon beim langsamen Lesen wird einem an dieser Stelle fast schwindelig, und erst recht, wenn man, was ich bei der Vorbereitung dieser Predigt leichtsinnigerweise getan habe, den Gedanken einfach mal physisch nachzuvollziehen versucht, indem man sich wirklich mehrfach hintereinander im Kreis um sich selbst herum dreht. Einen richtigen Drehwurm kriegt man da, kein schönes Gefühl, kann ich Ihnen sagen, deshalb mache ich das jetzt auch besser nicht nochmal. Wobei: Wenn der Drehwurm irgendwann nachlässt und man wieder gerade steht, dann hat man per Selbstversuch immerhin eines wirklich begriffen: In den Kreis der wahren Verwandten Jesu gehören jeder und jede hinein! Niemand wird übersehen von diesem rings umherschauenden Blick, der bis in den hintersten Winkel der Marktkirche reicht und bis an die äußersten Enden der Erde. Dieser Blick übergeht keinen. Aus diesem Kreis fällt niemand heraus. Und ich, ich sitze da drin, mitten drin in diesem Kreis, ich mit meiner einmaligen, einzigartigen Lebensgeschichte, die kein anderer sonst so hat, ich mit meinen freudigen und schmerzlichen Erinnerungen, ich mit dem Glück und Leid meiner Gegenwart, ich mit meinen Hoffnungen und meinen Sorgen.

Wir, liebe Universitätsgemeinde, sind seine wahren Verwandten, sind drin in diesem Kreis um ihn herum, in dem er sich ringsherum umsieht – nach uns, seinen Schwestern und Brüdern. Da kann man eine mausgraue Maus sein oder ein quietschbunter Paradiesvogel. Da kann man ein Glückskind sein oder eine Pechmarie. Da kann man ein summa-cum-laude-Doktor mit 30 sein oder ein Langzeitstudent im 30. Semester. Da kann man eine schräge Type sein oder ein hoch intelligenter Professor – oder beides in einer Person, auch das soll es geben … Wie immer dem sei: Rings um ihn herum ist unser Platz. Und das ist ein guter Platz so oder so oder so. Und auch Maria und die Schwestern und Brüder werden, nachdem sie sich vom ersten Schock erholt haben, eingetreten sein in diesen Kreis. Auch sie, seine Familie, zählen natürlich dazu zu seinen wahren Verwandten.

Und Jesus, unser Bruder, ergreift das Wort. „Denn wer den Willen Gottes tut, der ist mein Bruder und meine Schwester und meine Mutter", sagt er. Da stockt einem plötzlich der Atem. Bin ich das, einer, der von sich sagen kann, dass er Gottes Willen tut? Ab und zu, vielleicht, aber im vollen Sinne und mit ganzem Ernst Gott über alle Dinge fürchten, lieben und vertrauen? Das eigene Herz an nichts anderes hängen als an das, was Gott will? Tu ich das? Man müsste schon unter argem Mangel an Selbstkritik leiden, wollte man hier ernsthaft mit „Ja!" antworten – viel zu offensichtlich ist ja die Tatsache, dass ich den lieben Gott immer wieder einen guten Mann sein lasse und mein eigner Wille mir wichtiger ist.

„Denn wer den Willen Gottes tut, der ist mein Bruder und meine Schwester und meine Mutter": Ist das die am Ende unerfüllbare Bedingung dafür, dass ich Jesus zum Bruder haben kann? Gehören wir also doch nicht dazu? Soweit es an uns liegt, eher nicht, muss man da wohl sagen, aber: Wenn Jesu rings umherschauender Blick einmal auf uns gefallen ist, dann sind wir und dann bleiben wir seine wahren Verwandten, auch dann, wenn wir mit dem Tun des Willens Gottes allzu oft scheitern. Das entfremdet uns dann zwar von Gott; aber das ändert nichts daran, dass jener Blick Jesu weiterhin auf uns ruht. Es mag sein, ja es wird so sein, dass sein Blick fragender, nachdenklicher, trauriger und mitunter zorniger wird, weil er allzu oft enttäuscht ist von uns, seinen Geschwistern. Aber das ändert nichts daran, dass er unser Bruder ist und bleibt. Wir gehören zusammen. Und bleiben zusammen, weil er, der sich nach uns umsieht, zu uns gehören will.

Wenn dem so ist, liebe Universitätsgemeinde, wenn wir die Episode von Jesu wahren Verwandten so auslegen können, wie ich das gerade versuche, dann stellt sich freilich die Frage, was denn das nun bedeuten könnte für uns und für das beginnende Semester, für unsere MLU und darüber hinaus. Was hat man davon, Jesus zum Bruder zu haben? Nun, dazu muss man natürlich zuerst sagen, dass die Frage irgendwie müßig ist, denn einen Bruder hat man nun mal, wenn man einen hat. Und wenn man einen hat, dann fragt man nicht, was man davon hat, dass man einen hat, sondern hat ihn halt. Er gehört dazu. Aber vielleicht kann man sich ja im Sinne meiner Frage einfach mal Rechenschaft ablegen darüber, was es bedeutet, Jesus zum Bruder zu haben. Und dazu will ich ausgangs dieser Predigt zwei Dinge sagen.

69

Erstens: Dass Jesus sich rings im Kreis herum nach jedem von uns umsieht, bedeutet, dass wir unseren Weg in diesem Semester und darüber hinaus nicht alleine gehen. Wir haben einen Bruder an unserer Seite. Da ist einer, der mir zeigt, wo ich hingehöre. Einer, an dem ich mich orientieren, von dem ich mich ermuntern oder auch segensreich irritieren lassen kann. Einer, der mich freier, unabhängiger, mutiger macht. Einer, der mir zuspricht: „Fürchte Dich nicht!" Einer, der in Leid und Tod da bleibt, weder wegschaut noch davonläuft. Einer, der – am vorletzten Wochenende hat die Christenheit es wieder froh gefeiert – sogar den Tod überwunden hat. Welch ein Glück, einen in der Familie zu haben, der sich im Falle eines Falles mit Auferstehung auskennt! Welch ein Glück, ihn zum Bruder zu haben! Mag sein, dass man je nach Lebenslage mal engeren, mal weniger engen Kontakt zu ihm hat, aber man hat immer einen Bruder. Wo Freunde, Kameraden, Bekannte über kurz oder lang kommen und gehen, bleiben wahre Verwandte (trotz aller Familienzwiste, die es natürlich auch gibt) am Ende beisammen. Blut ist dicker als Wasser, sagt der Volksmund und meint damit: Es sind die Familienbande, die letztlich zählen. Paul Gerhard wusste von dem Glück zu reden, das daraus erwächst, dass Jesus uns als seine wahren Verwandten annimmt. „Gott wird Mensch dir, Mensch, zu Gute / Gottes Kind, das verbind't / sich mit unserm Blute", hat er in einem seiner schönsten Lieder gedichtet.

Und dann das Zweite: Dass Jesus von Nazareth sich ringsum im Kreis herum nach jedem von uns umsieht, das hat natürlich eine Bedeutung für unser Miteinander. Denn wenn wir alle denselben Bruder, wenn wir alle ihn, Jesus, zum Bruder haben, dann, liebe Gemeinde, bedeutet das zwingend, dass wir einander Schwestern und Brüder sind. Das ist logisch unabweisbar: Wenn, und ich nehme jetzt ein einfaches Beispiel, wenn also Agnes Heribert zum Bruder hat und Agathe denselben Heribert zum Bruder hat (den Sonderfall „Halbbrüder" und „Halbschwestern" lassen wir jetzt mal weg): wenn also Agnes Heribert zum Bruder hat und Agathe denselben Heribert zum Bruder hat, dann sind Agnes und Agathe mit Sicherheit Schwestern. Für diese grundstürzende Erkenntnis muss man nicht auf Genealogie spezialisiert sein, so etwas schüttelt jeder halbwegs pfiffige Bachelor-Student locker aus dem Ärmel: Jesu wahre Verwandte sind miteinander verwandt.

Das heißt nicht, dass wir uns nun alle miteinander verbrüdern müssten – das würde der Behutsamkeit widersprechen, mit der unser Bruder aus Nazareth uns zur Seite tritt. Aber es bedeutet schon, dass wir anderen mit selbstverständlicher Wertschätzung begegnen. Die Martin-Luther-Universität als eine Gemeinschaft, in der geschwisterlich und in gegenseitigem Respekt gearbeitet, gelehrt und gelernt wird, als Gemeinschaft, in der Engagement für Flüchtlinge durch vielfältige Angebote und Maßnahmen konkret gelebt wird. Unsere Stadt Halle und unser Bundesland Sachsen-Anhalt als Gemeinschaft, in der mancher Unkenrufe und beschämender Wahlergebnisse zum Trotz die große Mehrheit der Menschen Vielfalt als Reichtum begreift und als Garant unseres nicht nur sozialen Friedens. Die Menschen der großen weiten Welt als Gemeinschaft, in der jeder und jedem die Freundlichkeit Gottes gilt und das Erbarmen der Mitmenschen. Am rundherum-um-sich-schauenden Blick Jesu können alle erkennen, was sie eint.

Dazu ein letztes Beispiel. Ich habe neulich etwas Besonderes gelernt von einem musikkundigen Kollegen unserer Universität. Der hat mir gesagt (und ich gehe davon aus, dass es stimmt): Alle Babies dieser Welt, egal, wo sie geboren werden, schreien auf dem gleichen Ton. Das erste Lebenszeichen, das wir von uns geben, ist bei uns allen gleich: Frequenz 440 Hertz. Kammerton A. Will sagen: Es gibt einen gemeinsamen menschlichen Grundton, der sich vor all unserer Verschiedenheit hören lässt. Das ist doch mal was, das einen zum Semesterbeginn nachdenken lassen kann. Man könnte glatt auf die Idee kommen, dass wir – so unterschiedlich unsere Lebenswege sich entwickeln mögen – dem Grunde nach Brüder und Schwestern, dass wir einander wahre Verwandte sind. Amen.

Und der Friede Gottes, der höher ist als all unsere Vernunft, der bewahre unsere Herzen und Sinne in Christus Jesus. Amen.

Lied nach der Predigt: EG 36, 2 + 3 + 6 + 9 + 10
Atl. Lesung: 1. Mose 50,15–21
Evangelium: Markus 3,13–21

Feindliche Brüder

Universitätspredigt zum Akademikergottesdienst 2016
Laurentiuskirche Halle (Saale)
Sonntag, 3. Juli 2016
1. Mose 4,1–16

Und Adam erkannte seine Frau Eva und sie ward schwanger und gebar den Kain und sprach: Ich habe einen Sohn gewonnen mit Hilfe des Herrn. Danach gebar sie den Abel, seinen Bruder. Und Abel wurde ein Schäfer, Kain aber wurde ein Ackermann.

Es begab sich aber nach etlicher Zeit, dass Kain dem Herrn Opfer brachte von den Früchten des Feldes. Und auch Abel brachte von den Erstlingen seiner Herde und von ihrem Fett. Und der Herr sah auf Abel und sein Opfer, aber auf Kain und sein Opfer sah er nicht. Da ergrimmte Kain sehr und senkte finster den Blick. Da sprach der Herr zu Kain: Warum ergrimmst du? Und warum senkst du deinen Blick? Ist's nicht so: Wenn du fromm bist, so kannst du frei den Blick erheben. Bist du aber nicht fromm, so lauert die Sünde vor der Tür, und nach dir hat sie Verlangen: Du aber herrsche über sie.

Da sprach Kain zu seinem Bruder Abel: Lass uns auf's Feld gehen! Und als sie auf dem Felde waren, da erhob sich Kain wider seinen Bruder Abel und schlug ihn tot.

Da sprach der Herr zu Kain: Wo ist dein Bruder Abel? Kain sprach: Ich weiß es nicht; soll ich meines Bruders Hüter sein? Der Herr aber sprach: Was hast du getan? Das Blut deines Bruders schreit zu mir von der Erde. Und nun: Verflucht seist du auf der Erde, die ihr Maul aufgetan hat, um deines Bruders Blut von deinen Händen zu empfangen. Wenn du den Acker bebauen wirst, soll er dir hinfort seinen Ertrag nicht geben. Unstet und flüchtig sollst du sein auf Erden.

Kain aber sprach zum Herrn: Meine Strafe ist zu schwer als dass ich sie tragen könnte. Siehe, du treibst mich heute von dem Acker, und ich muss mich vor dir verbergen und unstet und flüchtig sein auf Erden. Und jeder, der mich findet, kann mich erschlagen. Aber der Herr sprach zu Kain: Nein, sondern wer Kain totschlägt, das soll siebenfältig gerächt werden. Und der Herr machte ein Zeichen an Kain, dass niemand ihn erschlüge, der ihn fände. So ging Kain weg von dem Herrn und wohnte im Lande Nod, jenseits von Eden, gen Osten.

Liebe Laurentiusgemeinde, liebe Universitätsgemeinde,

Kain ist beneidenswert. Gesund und munter ist er auf die Welt gekommen. Seine Mutter Eva freut sich über die Maßen: „Ich habe einen Sohn gewonnen mit Hilfe des Herrn." Kain ist ein Wunschkind. Es wird ihm ein Bruder geschenkt, Abel. Kain wächst in einer ansehnlichen Familie auf. Er ergreift einen Beruf, der ihm ein gutes Auskommen sichert: Als Ackerbauer ernährt er sich vom Ertrag der Felder, die er bestellt. Und Kain weiß genau, wem er das alles verdankt: Von den Früchten seines Ackers bringt er Gott Opfer dar. Er hat alles, was man sich wünschen kann. Kain ist beneidenswert.

Die Katastrophe – und um eine solche handelt es sich bei der Erzählung vom ersten Mord der Menschheitsgeschichte – beginnt, als Kain eines Tages, als er wie gewohnt Gott ein Opfer bringt, hinüber zu seinem Bruder schaut, der auch opfert. Kain vergleicht und merkt: Gott sieht Abels Opfer an und meines nicht. Gott schenkt Abel seine Aufmerksamkeit und nicht mir. Gott nimmt Abel wichtiger als mich. Da erwacht in Kain, dem Beneidenswerten, der Neid auf den Bruder. Er kann die Kränkung, die ihm widerfährt, nicht ertragen. Er kann seinem Bruder dessen Glück nicht gönnen. Und Kain senkt den Blick: ein eindrückliches, auch ein beängstigendes Bild. Er schaut nicht mehr nach rechts oder links, er beklagt sich nicht bei Gott, sucht keinen Rat bei Freunden oder Eltern, geht schon gar nicht auf den Bruder zu, der es für diesmal besser getroffen hat. Der verlorene Blickkontakt als Zeichen für zerstörte Beziehungen. Man muss nicht Psychologie studiert haben, um zu ahnen, dass da gleich etwas ganz furchtbar schiefgehen wird.

In diesem Moment, also wohlgemerkt noch vor dem Mord, schreitet Gott ein. Gott will die Katastrophe verhindern. Es stimmt also gar nicht, dass Gott Kain keine Aufmerksamkeit schenkt, wie der offenbar gemeint hat. Im Gegenteil: Gott spricht ihn an, stellt ihn zur Rede. Warum senkst du den Blick? Wenn du fromm bist, kannst du frei aufschauen. Wenn du fromm bist ... man könnte vielleicht übersetzen: Wenn du demütig bist ... Wenn Du Dich weniger wichtig nimmst ... Wenn du im Kontakt mit mir und den anderen bleibst ... Wenn du ansiehst, was du hast, und wenn du dafür dankbar bist ... Auch wenn du dich jetzt zu kurz gekommen fühlst: Es gibt keinen Grund, den Blick zu senken. Wenn du fromm bist, dann schau auf! ... Wenn du aber nicht fromm bist, dann lauert die Sünde vor der Tür und die hat nach dir Verlangen. Die hat nach ihm Verlangen. Und sie schleicht sich an, die Sünde, sie verschafft sich Zugang zu seinem Herzen und bemächtigt sich seines Willens. Gottes Intervention ist vergebens. Die Strategien greifen nicht. Kain kriegt gar nicht mit, dass Gott mit ihm redet, ihm seine Aufmerksamkeit schenkt. Er spürt nicht mehr, dass Gott ihn liebt. Und so nimmt die Katastrophe ihren Lauf. Die Erzählung sagt das irritierend nüchtern: Kain erhob sich wider seinen Bruder und schlug ihn tot. Ganz lapidar. Als sei das die logische, geradezu selbstverständliche Folge dessen, was zuvor geschah.

Man spürt, wie abgrundtief gefährlich der Neid und das Gefühl eigenen Zukurzgekommenseins sind. Und wie entsetzlich die Folgen sein können. Natürlich kann man sagen, dass die Eskalation in der Erzählung von Kain und Abel eine extreme Zuspitzung ist: Nicht jeder, dem Unrecht geschieht, nicht jeder, der auf einen anderen neidisch ist, bringt ihn gleich um, und auch ich muss normalerweise nicht fürchten, von Menschen erschlagen zu werden, die aus irgendwelchen Gründen auf mich neidisch sein zu müssen meinen: Dass einer den anderen totschlägt, ist in menschlichen Gesellschaften Gott sei Dank selten. Aber was Menschen in Beziehungskonflikten und unter dem Druck von Konkurrenz, was Menschen aus Neid und aus dem Gefühl, zu kurz gekommen zu sein, einander antun können, ist allzu oft schrecklich genug. Und die Decke der Zivilisierung menschlichen Verhaltens ist mitunter dünner als wir denken.

Kains Tat wirft einen Schatten auf das Leben und Weben der Menschen, auch auf uns, auf unsere Gegenwart, auf unsere Zukunft. Nicht weil sie in ihrer extremen Zuspitzung typisch wäre – das ist sie zum Glück nicht. Aber weil sie zeigt, was passieren kann und was ab und an eben auch tatsächlich passiert, wenn die Sicherungen der Zivilisierung, der Bildung, der Erziehung, der menschlichen Bindungen und des Gesprächs mit Gott durchbrennen: Wenn Du nicht fromm ist, dann lauert die Sünde vor der Tür. Und die hat nach Dir Verlangen. Gottes Intervention also war vergebens, und nun schreit das Blut Abels zu ihm von der Erde. Und Gott straft Kain. Das Blut Abels kann nicht ungesühnt bleiben. Aber Gott straft barmherzig. Gott lässt Kain, der aus Neid, aus Eifersucht, aufgrund einer Kränkung zum Mörder seines Bruders wurde, am Leben. Er gibt ihm eine zweite Chance. Und mehr noch: Er stellt ihn unter seinen Schutz. Das Kainsmal ist keine Stigmatisierung. Das Kainsmal ist das Zeichen dafür, dass auch der noch so schuldig gewordene Mensch bei Gott geborgen ist und bleibt.

Natürlich wird Kain bestraft: Kain lebt jetzt im Lande Nod, jenseits von Eden, das ist, wenn man es aus dem Hebräischen übersetzt, das Land der Mühen und Plagen. Wenn man das auf uns überträgt, könnte man an so etwas wie Sachsen-Anhalt denken, wo man ja auch allerlei Müh und Plagen hat, aber eben durchaus auch leben kann. Gar nicht so schlecht übrigens. Kain lebt dort, im Lande Nod, und er lebt dort unter dem ausdrücklichen Schutz des Herrn. Wird er seine zweite Chance nutzen? Wird er das können – aus der vergebenden Zuwendung Gottes leben? Wird er begreifen, dass ihm die liebende Aufmerksamkeit Gottes gilt und er sich zeit seines Lebens darauf verlassen kann? Und dass er also gegen niemanden mehr die Hand erheben muss? Wird Kain „fromm werden"?

Und wir? Was ist die Moral von der Geschicht? Können wir „fromm werden" und wenn ja, wie? Können wir der Sünde des Hochmuts und des Neides, die auch vor unserer Tür lauert und Verlangen nach uns hat, einen Riegel vorschieben oder ihr wenigstens den Zugang zu unseren Herzen erschweren? Ich will dazu zweierlei vorschlagen.

Erstens: Wie wäre es, wenn wir aus der Geschichte von Kain und Abel den Schluss ziehen würden, dass wir alle miteinander eine Zeit lang konsequente Vergleichsaskese betreiben? Wie wenn wir das mit dem Vergleichen einfach mal eine Weile lang sein ließen? Ich räume ein, dass es gewiss auch ein vernünftiges, ein gesundes, sinnvolles Vergleichen gibt, eines, das mich anspornt, das mir hilft, mich anzustrengen, das mich Ziele setzen lässt, das mich überlegen lässt, was ich besser machen kann. Aber meine ernsthafte Sorge ist im Moment eher die, dass wir mit dem permanenten Vergleichen und „Ranken" und „Evaluieren" und „Rechnen" und „Zählen", mit dem wir meinen, unsere Gesellschaft verbessern und uns selbst optimieren zu können, genau das Gegenteil erreichen. Könnte es sein, dass die besonderen, je eigenen, gewiss unterschiedlichen Fähigkeiten und Eigenheiten eines jeden von uns dadurch gerade abgeschliffen werden? Könnte es sein, dass unsere seltsame Dauervergleichskultur unter der Hand eine Neidunkultur etabliert, die die Entwicklung der je unterschiedlichen Möglichkeiten eines jeden eher behindert als fördert? Wer auf das ständige sich-mit-anderen-Vergleichen verzichtet, kann den anderen sein lassen, wie er ist, oder anders gesagt: Er kann ihn lieben. Wer auf das permanente sich-mit-anderen-Vergleichen verzichtet, kann sich selbst sein lassen, wie er ist: Er kann sich lieben. „Wenn du fromm bist …" – das würde dann heißen: Mit demütigem, fröhlichem Vergleichsverzicht uns und anderen erlauben, zu sein, wie wir sind. Dann muss niemand neidisch sein. Und erst recht muss niemand gegen den anderen die Hand erheben.

Und zweitens: Wie, wenn wir aus der Geschichte von Kain und Abel den Schluss zögen, dass wir jeden Tag wieder neu darauf achten und uns an dem freuen, was wir haben! Auch im Lande Nod oder in Sachsen-Anhalt. Natürlich und unbestritten haben wir alle unsere Müh und Plagen, und natürlich kennen wir das Gefühl, benachteiligt oder zu wenig beachtet zu sein. Natürlich hat mancher von uns sein Päckchen im Leben zu tragen und muss sich arrangieren mit Kummer und manchmal wohl auch mit schwerem Leid. Aber sehen wir denn dann auch, dass wir bei alldem – jeder in seiner Weise: dass wir bei alldem immer auch Gottes geliebte Geschöpfe sind, reich beschenkte, beneidenswerte Menschen? Sehen wir das, dass wir, die wir allzu oft den Kontakt zu Gott abbrechen lassen und der Sünde die Tür öffnen, dass wir der Liebe Gottes gewiss sein dürfen? Im heutigen Gottesdienst sind Brot und Wein auf dem Altar sichtbares Zeichen dafür, dass Gott alles für uns getan hat. Er wird auch in Zukunft nicht weniger als alles für uns tun. Möge doch dieser schöne Julisonntag, möge dieser schöne Gottesdienst in dieser schönen Kirche uns wieder neu klar machen, wie beneidenswert wir sind! Wir müssen uns nicht scheel auf den vermeintlichen Mangel an eigenem Glück fixieren. Wir sind reich beschenkt. Da muss niemand neidisch sein. Da muss keiner den Blick senken. Da muss schon gar keiner gegen seinen Bruder die Hand erheben. Wenn wir ein Gespür dafür entwickeln könnten, wie beneidenswert wir eigentlich sind, dann stünde dem nichts im Wege, dass wir jeder und jedem anderen ihr oder sein Glück von Herzen gönnen können, auch dann, wenn wir selbst hier und da zurückstehen müssen. Beneidenswerte Menschen können fröhlichen Herzens einstimmen in das, was Paul Gerhard so unvergleichlich schön gedichtet hat: „Lass mich mit Freuden / ohn' alles Neiden / sehen den Segen / den Du wirst legen / in meines Bruders und Nähesten Haus" (EG 449,6). Amen.

Und der Friede Gottes, der höher ist als all unsere Vernunft, der bewahre unsere Herzen und Sinne in Christus Jesus. Amen.

LIED: EG 449, 1 + 3 + 5 + 6 + 9
EPISTEL: RÖMER 13,11–14
EVANGELIUM: MATTHÄUS 5,21–26

MEISTER DES EVANGELIUMS

Predigt im Kantatengottesdienst der Johannes-Gutenberg-Universität Mainz
Christuskirche Mainz
30. Oktober 2016
Römer 3,28/Kantate BWV 139
(„Wohl dem, der sich auf seinen Gott ...")

So halten wir nun dafür, dass der Mensch gerecht wird ohne des Gesetzes Werke, allein durch den Glauben.

Liebe Universitätsgemeinde,

ich bin verabredet. Kurz vor Eröffnung des Jubiläumsjahres bin ich losgefahren, um ihn zu treffen – ihn: Nennen wir ihn den „Meister des Evangeliums". 30. Oktober, Christuskirche, nach der Kantate, hatten wir gesagt. Er erscheint wie verabredet und sieht aus, wie ich ihn mir vorgestellt habe – wie ein guter, alter Bekannter. Er lächelt, stellt sich vor und sagt genau das, was ich erwartet habe: „So halten wir nun dafür, dass der Mensch gerecht wird ohne des Gesetzes Werke, allein durch den Glauben."

Auch ich stelle mich vor. „Jörg Ulrich, Professor aus Halle, Universitätsprediger", sage ich und will noch schnell ein paar meiner Aktivitäten aufzählen, da unterbricht er mich schon: „Das weiß ich alles", sagt er zu mir, „aber darauf kommt es nicht wirklich an. Das bist nicht du!" – Ich stutze, will widersprechen, aber ich spüre, dass es klüger sein könnte, ihn reden zu lassen: Das gehört sich wohl so, wenn man dem Meister des Evangeliums begegnet. „Was meinst du wohl", hebt er an, „was meinst du wohl, wie vielen Menschen ich schon begegnet bin, wie vielen Siegern und Verlierern, Erfolgreichen und Gescheiterten, wie vielen Glückspilzen und Pechmarien, Selbstsicheren und Verängstigten, wie vielen Helden und Feiglingen, Zufriedenen und Enttäuschten, wie vielen Frommen, Zweiflern und vorgeblich Gottlosen, wie vielen vor Kraft strotzenden und wie vielen vor Angst zitternden Menschen? Die unterscheiden sich alle in dem, was sie vorweisen oder eben nicht vorweisen können, sie sind alle verschieden in dem, was sie in ihrem Leben gemacht haben und in dem, was das Leben mit ihnen gemacht hat. Milliarden Menschen, Milliarden Biografien, jede anders – aber in dem einen, worauf es wirklich ankommt, sind alle gleich. Was sie sind, sind sie, weil sie geliebt sind: Gottes geliebte Geschöpfe. Das entscheidet. Gottes Liebe macht sie zu dem, was sie sind. Nichts sonst." – Ich nicke. Ich erinnere mich, das schon gehört und übrigens auch für richtig befunden zu haben. Und ich wundere und ärgere mich über mich selbst, dass mir genau das immer wieder entgleitet. Irgendwie seltsam, dass etwas, das man eigentlich weiß und bejaht, im alltäglichen Leben so schwer umzusetzen ist. Stattdessen sind da der Druck, das Gehetzte, der ständige Wunsch, jemand zu sein, die Angst, nicht genug jemand zu sein, weil jemand anders mehr jemand ist als ich jemand bin – alles irgendwie albern, furchtbar überflüssig, aber zugleich in einer ganz schädlichen Weise wirksam: Lebensqualität mindernd, Beziehungen zerstörend, Gemeinschaft gefährdend, krank machend. Warum ist es so schwer zu glauben, dass nichts anderes als Gottes Liebe uns zu dem macht, was wir sind? Ich merke: Der Meister des Evangeliums ist dabei, mich auf die richtige Spur zu bringen. Es könnte gut sein, ihm weiter zuzuhören.

„Es entscheidet nicht über dein Leben, wenn dir etwas gelingt oder eben nicht gelingt", sagt er tröstend. „Nichts gegen Erfolg oder Leistung! Aber alles, wirklich alles gegen die Vermischung von Leistung mit der Identität des Menschen! Dass du etwas bist, dass du liebenswert, ja, wirklich liebenswert bist, das kommt daher, dass du tatsächlich geliebt wirst von dem allmächtigen Gott, deinem Schöpfer, deinem Herrn. Also nicht: Du muss etwas Besonderes zu bieten haben, damit du geliebt wirst, sondern genau andersherum: Gott liebt dich – folglich bist du etwas Besonderes. Gott liebt dich – also musst du doch liebenswert sein. Das ist ganz einfach. Und zugleich unfassbar. Es fühlt sich so anders an, nicht wahr? Was für ein unendlich großes Glück! ‚Ich habe dich je und je geliebt', sagt Gott – und meint dich. Von Anbeginn an. Ohne Bedingungen. Ohne Leistung. Ohne Werke. Eine Last fällt ab. Was du nicht hinkriegst, wird segensreich relativiert – schade drum, aber nicht entscheidend: kein Grund zu verzweifeln. Und: Was dir gut gelingt, wird auch segensreich relativiert – erfreulich, aber nicht entscheidend: kein Grund abzuheben."

Der Meister des Evangeliums sieht mich an: „Spürst du den Druck weichen? Glaubst du, dass das Gehetzte in deinem Leben weniger werden kann? Glaubst du, dass die Menschen weniger getrieben, weniger berechnend, weniger verängstigt leben können? Lass es dir gesagt sein, immer wieder neu:

‚Wir halten dafür, dass der Mensch gerecht wird ohne des Gesetzes Werke, allein durch den Glauben'."

Allein durch den Glauben. Ich halte inne. Ich gebe zu bedenken: „Meister, mein Glaube ist ehrlich gesagt oft ziemlich zaghaft und manchmal bin ich mir gar nicht sicher, ob ich überhaupt glaube. Wie kann ich dann wissen, dass ich geliebt bin?" – Der Meister schüttelt den Kopf. „Du hast es immer noch nicht so ganz begriffen", sagt er. „Gerade habe ich dir das mit den Leistungen ausgeredet, und du fängst sofort wieder mit etwas Neuem an, das du meinst, vorweisen zu müssen. Aber der Glaube ist nichts, was man vorweisen muss. Der Glaube ist nicht Bedingung dafür, dass du geliebt wirst. Er ist kein neues Werk anstelle der alten." – „Was dann?", frage ich. – „Glauben heißt, ein Gespür zu haben für die Liebe Gottes. Glauben heißt, etwas von dieser allem zuvorkommenden Liebe zu ahnen. Glaube ist, zu spüren, dass dein Leben angenommen ist mit allen Ecken und Kanten. Gott freut sich an dir. Halte das einfach mal aus. Halte das Gefühl ein paar Momente lang fest. Und du wirst merken: Der Glaube macht das Leben leichter, nicht anstrengender. Er nimmt Lasten ab, legt keine auf. Er macht dich frei von der Angst, dass du nicht gut genug da stehen könntest. Er macht dich frei von der Suche nach Sinn, frei von dem Zwang, dich selbst optimieren zu müssen. Es ist das Glück des Glaubens, in einer eigentümlichen Weise unabhängig zu sein. Es gehört zum Glück des Glaubens, sich mit dem scheinbar Endgültigen nicht abzufinden, aber auch, den Wahn, alles sei machbar, nüchtern zu durchschauen. Es gehört zum Glück des Glaubens, ganz in dieser Welt zu leben, ohne sich das Leben von irgendjemandem diktieren zu lassen. Wohl dem, der glaubt! ‚Wohl dem, der sich auf seinen Gott / recht kindlich kann verlassen / den mag gleich Sünde, Welt und Tod / und alle Teufel hassen / So bleibt er dennoch wohlvergnügt / wenn er nur Gott zum Freunde kriegt'. So haben wir's doch gerade gehört in der wunderbaren Vertonung von Johann Sebastian", sagt der Meister des Evangeliums.

„Wie bekomme ich diesen Glauben?" frage ich. – „Das kannst du nicht von selbst erreichen", lautet die Antwort, „und machen kannst du es schon dreimal nicht. Kein Mensch kommt zum Glauben aufgrund von Bemühen. Denn es kommt ja darauf an, worauf man sich letztlich verlässt, woran man sein Herz hängt, um mit Luther zu sprechen. Aber über dein Herz kannst du nicht beschließen. Du kannst zwar beschließen, morgen einen Reformationstagsausflug zu machen – aber du kannst nicht beschließen: Ab morgen vertraue ich auf Gott. Bei den Menschen ist's nicht möglich. Gott macht es möglich." – „Wie das?", will ich wissen. – „Indem Gott sich sichtbar gemacht hat in Jesus, dem Christus, seinem Sohn und indem Gott uns dazu bringt, zu sehen auf diese Person, was sie sagt und was er tut und was er erleidet. Lass' dich von dieser Gestalt faszinieren, und dann kann es passieren, dass sie dich berührt, dass sie dein Herz gewinnt, dass sie dich hineinzieht in den Glauben, hineinzieht in die Nachfolge und in Gottes Reich. Unzählige Christen haben es so erfahren zu allen Zeiten, überall, immer wieder. Auch vor 500 Jahren in Wittenberg und weit darüber hinaus."

Der Meister des Evangeliums schweigt. Er hat gesagt, was zu sagen war. Er wartet, ob ich noch etwas erwidern will. Nein, ich denke, ich habe verstanden. Mal wieder verstanden. So neu war es ja nicht, was er gesagt hat. Aber er hat mich auf alt Vertrautes neu aufmerken lassen. „Ich danke dir", sage ich noch, er aber hat sich schon davon gemacht, zurück in den Römerbrief hat er sich begeben, an seinem angestammten Platz im dritten Kapitel zwischen den Versen 27 und 29 – da, wo er hingehört – lässt er sich nieder. Von dort wird er sich zu Wort melden, immer wieder, gleich morgen und dann im ganzen Reformationsjubiläumsjahr und darüber hinaus. Immer wieder wird er auf sich aufmerksam machen, er wird die Herzen der Menschen aufschließen. Er wird den Trost, die Freiheit, das Wunderschöne, das uns mit dem Evangelium geschenkt ist, ausbreiten, alle Tage.

Ich sehe ihm nach und denke: Meister, ich glaube, aber hilf meinem Unglauben! Ich hoffe, ich wünsche und ich bete darum, dass du es irgendwann schaffst, mich und alle anderen Menschen frei zu machen von sich selbst. Ich wünsche, dass es Dir mit Deinem Evangelium gelingt, unsere so durch und durch werkgerechte Welt zu ihrem eigenen Besten gründlich zu irritieren. Ich wünsche Dir einen langen Atem. Und dass Du Dir mit Deiner leisen Stimme Gehör verschaffst, auch in den 366 Tagen ab heute. Lass Dich nicht übertönen im bunten Treiben des um Deinetwillen gefeierten Jubiläums!

Ich überlege, was er wohl antworten würde, könnte er mich noch hören. Ich glaube, er würde sagen: „Lass das mal meine Sorge sein!" Amen.

Und der Friede Gottes, der höher ist als all unsere Vernunft, der bewahre unsere Herzen und Sinne in Christus Jesus. Amen.

Lied: EG 362, 1–4
Evangelium: Markus 9,14–29

GNADE

Semesterabschlusspredigt im Evangelischen Konvikt
30. Januar 2014
Johannes 1,16–18

Von seiner Fülle haben wir alle genommen Gnade um Gnade. Denn das Gesetz ist durch Mose gegeben, die Gnade und Wahrheit ist durch Jesus Christus geworden. Niemand hat Gott je gesehen. Der eingeborene Sohn aber, der Gott ist und in des Vaters Schoß ist, der hat ihn uns verkündigt.

Liebe Konviktualitas,

„Es ist noch Suppe da!", pflegte meine gute Großmutter selig mitunter zu sagen, wenn der erste Teller verspeist war. Das gab einem ein angenehmwohlige Gefühl. Es ist für alles gesorgt. Es ist genug da. Man wird nicht zu kurz kommen. Alles gut.

„Schwamm drüber!", pflegt mein bester Freund, den ich seit meiner Jugendzeit kenne, zu sagen, wenn irgendwas nicht geklappt hat und er signalisieren will, dass das aber keine wirklich wichtige Rolle spielt. Das gibt einem ein angenehm-entlastendes Gefühl. Es muss im Leben nicht alles funktionieren. Es geht auch nach Niederlagen weiter. Alles gut.

Zwei ganz alltägliche, zwei einfache, fast banale Beispiele sind das, liebe Konviktualitas, aber: Genau so ist es mit Gottes Handeln an uns. Er gibt, was wir brauchen, alle Tage, gestern und heute. Und er fängt immer neu mit uns an. Da macht es dann wenig aus, dass keiner von uns Gott je gesehen hat, wie der Predigttext sagt. Natürlich hat keiner Gott je gesehen. Aber in Seinem Sohn, der selbst Gott ist und in seines Vaters Schoß wohnt, der für uns Mensch geworden ist und mit uns gelebt und gelitten hat, an dem kann man sehr wohl sehen, was Gott für uns tut. Das Johannesevangelium fasst das in einem einzigen, wunderbaren Satz zusammen: „Von seiner Fülle haben wir alle genommen Gnade um Gnade." Man muss das wirklich Wort für Wort buchstabieren: *Von seiner Fülle* – also aus dem ganzen Reichtum, der bei Gott ist. *Haben* wir genommen – wir sind schon reich und müssen nicht noch warten. *Wir alle genommen* – ein jeder ist beschenkt, jeder in seiner Weise, es kommt keiner zu kurz. *Gnade um Gnade* – es kommt immer noch was nach, wie aus einem nie versiegenden Brunnen, aus dem unerschöpflich frisches Wasser fließt, sprudelt die Gnade Gottes für uns hervor ohne Ende. Von seiner Fülle haben wir alle genommen Gnade um Gnade, ein wunderbarer Satz, eines meiner Lieblingsworte der Bibel. Auch wenn ich zugeben muss, dass ich mit dieser Meinung nicht immer Zustimmung finde. Ich habe es nämlich auch schon erlebt, dass Leuten das Wort „Gnade" eher unsympathisch ist, dass es Widerstand hervorrufen kann. Manch einer findet, dass das Wort „Gnade" Gott ziemlich groß und uns als Empfänger der Gnade ziemlich klein macht. Und da ist ja auch was dran. Und man kann dann fragen: Sind wir wirklich auf Gnade angewiesen – wie ein alter Gaul (Gnadenbrot), wie Verbrecher (Gnadengesuch) oder wie ein Bettler? Ist das nicht peinlich?

So gesehen ist ein gewisser Widerstand gegen das Wort „Gnade" verständlich. Das kann bis zum Spott gehen: Thomas Mann hat schon vor über hundert Jahren in dieses Horn gestoßen, wenn er eine im Hause von Thomas Buddenbrook versammelte Gemeinschaft fromme Lieder singen lässt wie: „Ich bin ein rechtes Rabenaas / Ein wahrer Sündenkrüppel, / Der seine Sünden in sich fraß / Als wie der Rost den Zwippel. / Ach Herr, so nimm mich Hund beim Ohr, / Wirf mir den Gnadenknochen vor / Und nimm mich Sündenlümmel / In Deinen Gnadenhimmel." Man kann über Gnade spotten. Ich frage mich bloß, ob ein so negatives Verständnis (oder Missverständnis?) von Gnade uns nicht womöglich den Blick verstellt für das, was da eigentlich gemeint ist. Das Johannesevangelium jedenfalls spricht ganz positiv, ganz überschwänglich, geradezu euphorisch von Gnade. Da ist an Fülle gedacht und an Reichtum und an Segen. Da ist daran gedacht, dass wir zwar Bettler sind (wie es auf Luthers letztem Zettel heißt), aber dass Gott unsere manchmal so bettelleeren Hände eben auch überreich füllt.

Da ist an Vergeben gedacht, an Wieder-Gut-Machen, an Wieder-Neu-Anfangen-Können. Da ist an Zuspruch gedacht, an Ermutigung und an Liebe. Da ist daran gedacht, dass wir alle dessen elementar bedürfen, dass wir alle das viel zu wenig selbst machen und tun können und dass wir trotzdem alle was davon abbekommen, ohne Einschränkung, ohne Ausnahme, ohne Verdienst, einfach so. Von seiner Fülle haben wir alle genommen Gnade um Gnade.

Am Ende eines Semesters ist immer so ein bisschen Gelegenheit, Bilanz zu ziehen. Wo habe ich in diesem Semester an der Gnade Gottes teilgehabt? Wo habe ich etwas gespürt davon, dass Gott alles für mich tut? Ich glaube, man muss da nur ein bisschen hinsehen können auf das, was war – und dann wird jede und jeder für sich wahrscheinlich schnell fündig. Momente im Studium, wo ich gedacht habe: Ja, das ist spannend, da bleibe ich dran und da komme ich weiter und da macht es auch richtig Spaß. Momente des Innehaltens, wo ich gedacht habe: Nein, da bin ich vielleicht verkehrt und auf dem falschen Dampfer, da muss und will ich mich jetzt neu orientieren.

Kleine Szenen aus den zurückliegenden Monaten, wo ich das beglückende Gefühl gehabt habe, im richtigen Moment an der richtigen Stelle zu sein. Gespräche aus dem zu Ende gehenden Semester, wo ich das Gefühl gehabt habe, dass ich die richtigen Worte für jemanden gefunden habe – oder jemand die richtigen Worte für mich gefunden hat, so dass ich meine, verstanden zu haben, oder sich das Gefühl einstellt, verstanden worden zu sein. Augenblicke, in denen ich vielleicht völlig unerwartet und unverhofft – Ermutigung erfahren habe, getröstet oder bestärkt worden bin. Ich will und kann Ihnen, liebe Konviktualitas, jetzt nicht Ihre je individuellen Gnadenerfahrungen in diesem Semester vor- oder nachbuchstabieren, das können Sie jede und jeder selbst logischerweise besser sagen als ich. Ich will mit diesem Wort aus dem Johannesevangelium nur darauf hinaus, zu sagen: Ich erlebe eine Fülle, die mein kleines Tun schlicht übersteigt.

Und es sind oft die menschlich-alltäglichen Gesten, die jedes Mal ein Geschenk sind, an dem ich diese Fülle spüre: Liebe, Verstehen, Nachsicht, eine Umarmung, ein Lächeln, Ermutigung, Zuspruch, Trost. Ja, es ist so: Mein Leben verdankt sich – auch wenn ich mir dessen nicht ständig bewusst bin – einem unerhörten und geheimnisvollen Reichtum in jedem Augenblick. Und es besteht eigentlich kein Anlass, darüber zu spotten, dass die christliche Tradition diesen Reichtum mit dem Wort „Gnade" wiedergibt. Denn damit weist sie auf den wichtigen Umstand hin, dass all dieser Reichtum für uns unverfügbar ist. Wir können all das nicht herstellen, produzieren, schaffen, machen. Wir können es uns nur schenken lassen. Und dürfen uns dann reichlich bedienen. Aus seiner Fülle haben wir alle genommen Gnade um Gnade. Was ist damit nun konkret anzufangen hier und heute? Was könnte das für uns bedeuten am Ende eines Semesters? Es sind mir vier Dinge eingefallen. Wenn wir alle aus seiner Fülle genommen haben Gnade um Gnade, dann könnte das erstens bedeuten, dass wir mit allem, was im zurückliegenden Semester nicht gelungen ist, was wir nicht geschafft haben, was wider Willen liegen geblieben ist, selbst gnädig oder wenigstens gelassen umgehen. Was wir haben, was wir erreichen, was wir sind, wird uns durch Gottes Gnade zuteil, nicht durch uns selbst. Dann aber dürfen wir uns angesichts eigener unvollendeter Arbeiten, Projekte und Ideen getröstet wissen. Schwamm drüber. Es war halt nicht dran. Und die Zukunft wird zeigen, was wird.

Wenn wir alle aus seiner Fülle genommen haben Gnade um Gnade, dann sollten wir zweitens mit den Erfolgen, die wir in den zurückliegenden Wochen und Monaten verzeichnet haben, bescheiden umgehen. Wer in der einen oder anderen Prüfung eine „Eins mit Sternchen" produziert hat, dem sei von Herzen gratuliert und der darf und soll stolz darauf sein, gewiss. Er soll aber auch bedenken: Wenn es Gottes Gnade ist, die das Gelingen gibt, brauche ich wegen des Erfolges und wegen des bisschen Glanzes, den ich hier ab und zu mal um mich herum verbreite, nicht gleich durchzudrehen. Wenn wir alle aus seiner Fülle genommen haben Gnade um Gnade, dann könnte sich drittens und vorletztens am Ende eines solchen Semesters ganz unabhängig von der Frage nach Studienerfolg oder nicht so viel Studienerfolg eine tiefe Dankbarkeit einstellen für das, was war. Dankbarkeit für die Gemeinschaft, die ich erleben durfte. Dankbarkeit für die Menschen, mit denen ich leben durfte. Dankbarkeit für all das, was ich unabhängig von irgendwelchem Lernstoff lernen durfte. Dankbarkeit für das, was mich weitergebracht hat. Dankbarkeit für die kleinen Momente der Ruhe, der Freude, des Friedens und des Glücks.

Dass wir alle aus seiner Fülle genommen haben Gnade um Gnade, könnte dann schließlich und endlich auch dazu helfen, dass wir fröhlich den Blick nach vorn richten auf das, was uns in der vorlesungsfreien Zeit erwartet. Ohne Angst vor dem, was kommt. Mit einer gesunden Neugier auf das, was Gott alles so mit uns vorhat. In der Gewissheit, dass unsere Wege behütet sein werden und beschützt. Wir werden nicht zu kurz kommen. Wir werden nicht das Nachsehen haben. Wo Gott aus der Fülle seiner Gnade verteilt, ist genug für alle da. Amen.

Und der Friede Gottes, der höher ist als all unsere Vernunft, der bewahre unsere Herzen und Sinne in Christus Jesus. Amen.

Lied: EG 347, 1–6

Vor dem Fest

*Adventsandacht
Nikolaikirche Leipzig
14. Dezember 2014*

Liebe Gemeinde,

Advent in Leipzig – man spürt es jetzt überall: Das Fest steht bevor. Da sind der Weihnachtsmarkt und die prall gefüllten Läden, die die Menschen anlocken aus Nah und Fern. Da sind die Lichter, die anleuchten gegen das spätnachmittags sich über die Stadt legende Dunkel der Nacht. Da ist diese Atmosphäre der Geschäftigkeit, die zeigt: Wir bereiten uns vor auf Weihnachten. Und zugleich wissen wir auch: Noch ist es nicht so weit. Noch sind es zehn Tage bis Heiligabend, zehn lange, gefüllte Tage. Der Advent sorgt in seiner eigenen Weise dafür, dass wir Zeit haben bis zum Fest. Wir müssen nicht – wie sonst so oft – den Schalter umlegen von einem Moment auf den anderen. Sondern wir können (und wollen) uns vorbereiten nach außen und innen. Vorbereiten nach außen: Wunschzettel schreiben und an geeigneter Stelle hinterlegen, Weihnachtsbaum beschaffen, Krippe aufbauen, Kekse backen, Geschenke überlegen für die Lieben, Grußkarten schreiben, Wohnung schmücken, vielleicht eine Spende überweisen für die, die es schlechter haben als ich. Und vorbereiten nach innen: Ein bisschen Bilanz ziehen vielleicht, dankbar werden für das, was gut war, seinen Frieden machen mit dem, was misslang, erwartungsvoll schauen auf das, was kommt, Advents- und Weihnachtsmusik genießen – so wie wir hier und jetzt in dieser Stunde; sich wieder einlassen auf die große Geschichte der Liebe Gottes zu seinen Menschen, die Geschichte vom Stall von Bethlehem.

Nun will ich, liebe Gemeinde, zu den Vorbereitungen nach außen hier gar nichts weiter sagen, denn das obliegt dem je eigenen Organisationstalent, der Kreativität, sicher auch der Tradition und dem guten Geschmack: Zur Frage, ob früher weniger oder mehr Lametta war, kann ich als Prediger nicht wirklich etwas beisteuern. Wenn man mich indes nach der Vorbereitung nach innen fragen würde, wenn man mich also fragen würde nach dem, was ich in der Adventszeit für mich und meine Seele entdecken, vielleicht wieder neu entdecken kann, dann könnte ich schon etwas beitragen und würde antworten: Die Adventszeit, die Vorweihnachtszeit, das sind die Tage im Jahr, an denen ich etwas, nämlich das Fest, auf mich zukommen lasse. Etwas auf sich zukommen lassen können … Das scheint mir eine ganz hohe und segensreiche Kunst zu sein. Eine, die wir vielleicht manchmal aus dem Blick verlieren in all unserem Drang, die Dinge selbst in die Hand nehmen, gestalten, entscheiden, machen zu müssen. Und dieser Drang ist ja durchaus auch gut und sinnvoll. Natürlich sollen wir Dinge in die Hand nehmen, gestalten, entscheiden und machen, das tun wir ja auch jahrein jahraus; wie stünde es um unsere Verantwortung in Beruf und öffentlichem und privatem Leben, wenn wir es nicht täten?

Und doch: Die Advents- und Vorweihnachtszeit, in der das Fest auf uns zukommt und wir es auf uns zukommen lassen – sie macht neu klar, dass ich eben nicht alles in der Hand habe, gestalte, entscheide und mache. Ich kann, um es ganz simpel zu sagen, nichts daran drehen, dass es noch zehn Tage bis Weihnachten sind. Und ich kann, um es ebenso simpel zu sagen, auch nichts daran verderben, dass das Weihnachtsfest in zehn Tagen tatsächlich da sein wird. Die Dinge auf sich zukommen lassen können. Das kann gelassen machen. Das kann einen frei machen – zum Beispiel von dem bedrängenden Gefühl, dass alles an mir hinge, von dem überfordernden Gefühl, für alles selbst verantwortlich zu sein. Gott kommt unabhängig von meinem Tun auf mich zu. Woran kein Bemühen und kein Scheitern, kein Erfolg und kein Misserfolg irgendwas rütteln oder gar ändern werden.

Die Dinge auf mich zukommen lassen: Kann ich das? Wo nehme ich das Vertrauen her, das mich dazu befähigt? Nun, dieses Vertrauen kommt aus dem, *was* da an Weihnachten, oder genauer: *von dem,* der da an Weihnachten auf mich zukommt. Es kommt daher, dass in diesem Kind in der Krippe Gottes Liebe zu mir ganz konkret geworden ist – und ich in meinem Herzen spüre: Das gilt mir. Es kommt daher, dass Gott mit seinem Segen zu mir kommt, dass Gott Glanz mitten in mein Leben legt und in das Leben der anderen, in das Leben derer, die besser und glanzvoller dastehen als ich, und in das Leben derer, die sich selbst kaum mehr zu helfen wissen und meiner, unserer Hilfe täglich bedürfen. Gott kommt auf sie alle, auf uns alle zu mit seinem Segen. Das heißt nicht, dass sich alles Dunkle auflösen wird in Sonnenschein. Manche Sorgen werden mich lange, manche vielleicht für immer begleiten. Aber: So sehr Schweres und Schlimmes bedrücken kann, es wird mich nicht erdrücken. Denn seit dem Stall von Bethlehem gibt es dieses Stück Erlösung in der unerlösten Welt. Das nimmt Angst und macht frei.

Die Dinge auf sich zukommen lassen, das hieße dann doch: sich auf das Wesentliche besinnen. Einander Lasten abnehmen. Lieben lernen, Liebe üben, immer wieder – ja, das muss man üben, es gelingt nicht gleich beim ersten Mal und nicht immer gleich gut. Leiden wahrnehmen. Sich Empfindsamkeit leisten. Güte wagen und dabei das Risiko des ersten Schrittes eingehen. Sich einsetzen für Frieden. Sich stark machen gegen Unrecht. Ängste überwinden vor dem Fremden, vor den anderen, die nichts weiter tun als in diesem oder jenem Punkt einfach anders zu sein als ich. Und das auch dürfen. Die Güte Gottes gilt ihnen ebenso wie mir. Und dann denke ich auf einmal: Ja, ich will, ja, ich kann die Dinge auf mich zukommen lassen – im Advent, an Weihnachten, im neuen Jahr –, getröstet, in Zuversicht, ermutigt und voller Vertrauen. Dass Gott auf uns zukommt, ist ein großes Glück. Er möge einziehen bei uns in Leipzig und in aller Welt.

Und der Friede Gottes, der höher ist als all unsere Vernunft, der bewahre Eure Herzen und Sinne in Christus Jesus. Amen.

GLAUBE, HOFFNUNG, LIEBE

Beerdigung von Bärbel Budde
Friedhof Esbeck
21. Januar 2016
1. Korinther 13,13

Liebe Sabine, lieber Klaus, liebe Verwandte und Freunde, liebe Trauergemeinde,

eigentlich ist das ein beliebter Trauspruch, dieser viel zitierte Vers von der Liebe, die größer ist als alles, was wir sonst erfahren. Und tatsächlich: Nun bleiben Glaube, Hoffnung, Liebe, diese Drei: Die Liebe aber ist die Größte unter ihnen – das ist der Trauspruch von Christel und Bärbel gewesen, damals, vor gut 55 Jahren, als sie geheiratet haben, drüben in der St.-Gallus-Kirche hier in Esbeck. Ich habe mir die Urkunde von damals noch einmal herausgesucht, die übrigens unterschrieben ist von dem geradezu legendären Pastor Wilhelm Feuerstack, der auch Sabine und Klaus getauft hat: Was für Zeiten mögen das gewesen sein!

Wenn nun dieser Vers von Glaube, Hoffnung, Liebe, diesen Dreien, die bleiben, unter denen die Liebe aber die Größte ist, wenn dieser Vers nun als biblischer Vers auf den Trauerkarten für Bärbel Budde gedruckt ist und dieser Predigt zugrunde liegt, dann einerseits, um einen Bogen zu schlagen über all die Zeit von damals bis heute, über all die vielen Jahre, die Bärbels Leben großenteils ausgemacht haben. Und andererseits auch, weil dieser Vers die Verstorbene so gut charakterisiert wie kaum ein anderer: Es ist ein Vers, der zu ihr, der zu Bärbel passt, der ihr Leben geprägt hat und der deshalb auch zu Recht heute am Ende ihres Lebens steht. Denn es ist ja dieses Achten auf andere, dieses Dasein für andere, das die Liebe so groß macht und das für Bärbel so typisch war. Die Liebe zu ihrem Mann, dem sie eine gute und fürsorgliche Ehefrau und auch Haushälterin gewesen ist. Die Liebe zu ihren Kindern, denen sie im tiefen Sinne des Wortes eine gute Mutter gewesen ist, zu der man kommen konnte jederzeit, die da war, die sich sorgte, sich mühte, die immer ein liebevolles, annehmendes, tröstendes Wort hatte, wenn eines nötig war. Ich wüsste nicht, was einem Besseres passieren kann, als so einen Menschen zur Mutter zu haben: Da wird einem Urvertrauen in das Leben zuteil, Urvertrauen, das man nicht lernen kann, das man sich nicht erarbeiten kann (und nicht erarbeiten muss), das einem einfach geschenkt wird. Und mit diesem Urvertrauen kann man dann gehen, eigene Schritte machen, den eigenen Weg gestalten, ohne Angst, ohne Sorge, mit beiden Beinen auf der Erde stehend, so wie Ihr, Sabine und Klaus, es dann tun konntet und getan habt.

Ich wüsste auch nicht, was einem Besseres passieren kann, als solch einen Menschen als Schwester, Schwägerin, Verwandte, Bekannte oder als beste Freundin zu haben, die einfach da ist, die so auf andere achtet und von sich selbst absehen kann – und damit in ihrer stillen, unaufgeregten Art dafür sorgt, dass vieles funktioniert, ja vieles glückt. Es ist wahr, aufgrund ihrer Liebe, mit der sie für andere da sein wollte und konnte, hat sie sich selbst nur selten etwas gegönnt – auch in den Zeiten nicht, in denen es dann möglich gewesen wäre, weil der Esbecker Hof wirtschaftlich stabil geworden war – und auch dann nicht, als es noch möglich gewesen wäre, weil ihre Krankheit noch nicht weit fortgeschritten war.

Aber Bärbel Budde gehörte nicht zu denen, die sich selbst viel gönnen müssen. Sie gehörte nicht zu denen, die gut „Ich" sagen konnten. Ihr waren andere und anderes wichtiger. Auf die Frage „Was willst *Du* eigentlich?" bekam man von ihr nur schwer eine Antwort – so als hätte sie die Frage gar nicht verstanden. Und deswegen sollten wir, liebe Trauergemeinde, nicht hadern, weil sie sich manches nicht mehr gönnte, was unsereinem vielleicht vorschwebt für später mal oder für den Lebensabend: Das sind dann *unsere* Wünsche und Vorstellungen, aber es waren nicht die von Bärbel, die in ihrer eigentümlichen Bedürfnislosigkeit den Raum und die Freiheit fand, die man braucht, um andere Menschen lieben zu können. Nun bleiben Glaube, Hoffnung, Liebe, diese Drei: Die Liebe aber ist die Größte unter ihnen: Das ist tatsächlich der Vers, der Bärbel am besten charakterisiert, und man kann ihren Lebensweg durchaus so deuten, dass sie uns damit gezeigt hat, wie wahr dieses Wort eben ist.

Was kann uns trösten in diesem Moment, in dem wir unsere gute Mutter, Schwiegermutter, Großmutter, Schwester, Schwägerin, Freundin oder Bekannte zu Grabe tragen müssen? Was kann man sagen in diesem Moment des Abschieds? Wo kann man Tröstliches finden? Drei Dinge sind mir eingefallen. Das Erste: Ich glaube, dass wir bei aller Traurigkeit, die wir jetzt empfinden und die uns sicher auch noch lange begleiten wird, dass wir bei aller Traurigkeit doch auch sagen können: Es war am Ende gut, dass Bärbels Weg am vorletzten Sonntag dann auch zu Ende gehen durfte. So sehr die Erinnerung an die vielen schönen und guten Jahre eine gute Erinnerung ist, die bleiben wird, so sehr muss man auch sagen, dass die letzten Monate, Wochen, Tage eine schlimme Zeit waren, und dass es gut ist, dass die nun vorbei ist, dass Bärbel eben irgendwann auch gehen durfte und gehen konnte. Und es ist sicher ein großer Vorteil gewesen, dass Ihr Geschwister, Sabine und Klaus, Euch darin einig wart, nicht all das noch zu probieren und durchzuführen, was medizinisch vielleicht möglich gewesen wäre, um Bärbels Leben irgendwo im Krankenhaus noch ein paar Tage, vielleicht ein, zwei Wochen zu verlängern – sondern zu sagen: Es muss und es darf auch ein Ende haben. Der Tod kann auch eine Erlösung sein – von schwerer Krankheit zum Beispiel, und es ist gut, dass es nun so geschehen ist.

Das Zweite, was mir an Tröstlichem eingefallen ist: Ich bin ganz sicher, dass jede und jeder in unserer Mitte heute bei aller Trauer und Traurigkeit auch eine tiefe Dankbarkeit empfindet für das Geschenk des Lebens, für das Geschenk dieses Lebens von Bärbel Budde. Was für ein großes Geschenk, was für eine große Gabe Gottes sie war! Und wie froh können wir – aus je unterschiedlichen Blickwinkeln natürlich – aber: Wie froh können wir sein, dass wir sie unter uns haben durften mit all dem, was sie uns gegeben hat und was sie uns gewesen ist. Und dieses Geschenk ist ja nun nicht einfach weg oder ungültig, sondern es bleibt uns – als unser Erleben, als unsere Erfahrung, unsere Erinnerung, aber ich denke auch als unsere Zukunft in dem Sinne, dass da doch manches ist, was wir von ihr empfangen haben und was wir behalten werden und wohl auch werden weitergeben können an Menschen, die uns begegnen.

Und dann ist da das Dritte und Letzte, aber gewiss nicht Unwichtigste an Tröstlichem, und das ist der Glaube daran, dass Gott seine Menschen, die er geschaffen hat und die er auf all ihren Wegen liebevoll begleitet, nicht dem Tod überlässt. Die Bibel Alten und Neuen Testaments sagt es in großer Klarheit und die christliche Kirche bezeugt es seit nunmehr knapp 2000 Jahren, dass am Ende eines menschlichen Lebens nicht das Nichts steht, sondern dass das Leben dahin zurückkehrt, wo es herkam, dass es zurückkehrt in Gottes Hand. „Ich glaube aber doch, dass ich sehen werde die Herrlichkeit des Herrn im Lande der Lebendigen", sagt der Psalmist. „Was sucht ihr den Lebenden bei den Toten?", fragen verwundert die Engel an Jesu Grab. „Es wird gesät ein natürlicher Leib und auferstehen ein geistlicher Leib", schreibt Paulus und so weiter – und welche Bilder auch immer einen da am ehesten ansprechen, sei es das Bild vom Licht, das jetzt über der Toten scheint, sei es das Bild von den Engeln und himmlischen Chören, sei es das Bild von den ewigen Gärten und vom Paradies (welches zu Bärbel wohl am besten passen dürfte) – eins ist doch klar, liebe Gemeinde, dass es Bärbel da, wo sie jetzt ist, besser geht als in den letzten Jahren im Leipziger Täubchenweg, und dass es ihr da, wo sie jetzt ist, wahrscheinlich sogar besser geht als in ihren allerbesten Tagen, die sie hier in Esbeck einst glücklich verlebt hat.

Und deswegen ist es gut und eben tröstlich, dass wir hier nicht zu einer „weltlichen Trauerfeier" versammelt sind, sondern zu einem christlichen Beerdigungsgottesdienst, in dem diese Hoffnung über den Tod hinaus Thema und Hilfe ist, mit dem Tod umzugehen. Wenn wir den Sarg gleich hinausbegleiten, werde ich einen Segen sprechen. Wenn wir den Sarg nachher in die Erde lassen, werden wir ein Gebet dazu sprechen. Wir zeigen damit: Wir geben das Leben von Bärbel Budde eben nicht einfach weg, sondern wir geben es zurück an den Gott, von dem wir wissen, dass er es gut machen wird mit ihr. An den Gott, der sie freundlich aufnehmen, der sie liebend umfangen wird. Vom liebenden Gott liebevoll umfangen zu sein: Das wollen wir Bärbel Budde, die sich aus Liebe zu anderen selbst so eigentümlich wenig gönnte, in all unserer Traurigkeit heute von Herzen gönnen. Amen.

Lied: EG 294, 1 + 6 + 12

GRUND ZUR ZUVERSICHT

Taufe von Anna-Sophie Harman
Philippus-Kirche Bamberg
9. Juli 2016
Psalm 91

Der Herr hat seinen Engeln befohlen über Dir, dass sie Dich behüten auf all Deinen Wegen und Du Deinen Fuß nicht an einen Stein stoßest.

Liebe Katrin und Michi, liebe Großeltern, liebe Geschwister, liebe Familienangehörige, liebe Freunde, liebe Taufgemeinde,

gleich wird Anna-Sophie getauft. Da bewegen uns sicher manche Gedanken und wohl auch Fragen. Wie wird es werden mit ihr? Wie wird es sein mit ihr heute in fünf, in zehn, in zwanzig oder meinetwegen in fünfzig Jahren? Einiges können wir halbwegs vorhersagen: ihren Konfirmationstermin zum Beispiel (so in 13 ¾ Jahren, vielleicht hier in Bamberg). Anderes können wir zum Glück nicht voraussagen, ihren Hochzeitstag zum Beispiel (das würde sie sich vermutlich auch verbitten). Aber unabhängig von allen Prognosen fragen wir uns natürlich: Wie wird ihr Leben verlaufen? Welche Wege wird sie suchen und finden und gehen? Über all dem steht die eine große Frage: Worauf kann ich mich verlassen, worauf vertrauen? Was ist es, das meine kleine Welt in ihren Aufs und Abs am Ende eben doch zusammenhält?

Es ist klar, dass man da zuallererst nach den Dingen im Leben Ausschau hält, die einem Grund zur Zuversicht geben. Und da kann man bei Anna-Sophie ja zum Glück auch einiges finden. Ihre Voraussetzungen sind günstig. Sie ist gesund auf die Welt gekommen, in der Schwangerschaft und bei der Geburt ist alles gut gegangen, Gott sei Dank. Es ist alles dran an ihr. Sie weiß und lernt ihre Glieder und ihren eigenen Kopf zu benutzen. Sie entwickelt sich jeden Tag ein bisschen mehr. Sie darf aufwachsen und groß werden bei Eltern, die ihr Kind lieben und sich an ihm freuen und es annehmen als eigenständige Person, die sie nun mal ist und zu der sie weiter werden wird. Es gibt ein Familienumfeld, das sich ihrer freut als willkommenes Enkelkind, als Schwester, als Patenkind und so weiter. Sie ist umgeben von Spezialisten, die helfen können: Papa kann Computer, der Patenonkel Altgriechisch, um nur zwei Beispiele zu nennen, wer weiß, wozu man das einst noch brauchen kann. Und: Anna-Sophie darf großwerden in einer Region, in einem Land, in einem Teil der Welt, in dem Frieden herrscht, in dem es genug zu essen, in dem es Kultur und Zugang zu Bildung gibt, in dem Rechtssicherheit und ein funktionierendes Gesundheitssystem bestehen – all das sind keine Selbstverständlichkeiten. Wie viele Kinder gibt es, die solche Voraussetzungen nicht haben. Uns kommt all das oft selbstverständlich vor, weil wir uns daran gewöhnt haben, aber es ist nicht selbstverständlich, und vielleicht ist ein Tag wie heute auch einmal ein Anlass, dies wieder zu sehen und dankbar zu sein dafür.

So weit, so schön. Und nun könnte man natürlich fragen: Wenn denn aber nun alles schon so vielversprechend aussieht, warum braucht es dann eigentlich noch die Taufe? Antwort: Weil die Taufe eine Zusage für Anna-Sophie ist, die höher ist als alles, was wir ihr mit unseren Bemühungen und unserem noch so guten Wollen und all unserer Hilfe geben können. Wie sehr wir uns immer mühen, wir wissen, dass wir – keiner von uns – unser Schicksal nur in der eigenen Hand haben: Zu gefährdet, zu zerbrechlich, zu empfindlich ist all das, was wir Leben nennen. Da können einen Schicksalsschläge treffen, verschuldet oder unverschuldet, da kann man mal den Faden oder die Orientierung verlieren. Man kann ins Stolpern geraten trotz aller noch so guten Voraussetzungen. Momente des Scheiterns gehören zum Leben dazu. Und es sind diese Momente, von denen namentlich die Älteren, Lebenserfahrenen unter uns sehr wohl wissen, die uns spüren lassen: Bei allem, was wir für Anna-Sophie zu tun, sie zu schützen und ihr zu helfen bereit sind: Es ist gut, wenn die Kinder ihren Weg gehen können in höherem Schutz als in unserem.

Genau das höre ich bei Anna-Sophies Taufspruch heraus. Denn dieser wunderbare Vers illustriert die Zusage Gottes, dass sie in seinem Schutz gehen kann und damit in höherem als in unserem – er illustriert diese Zusage Gottes mit einem schönen, mit einem eindrucksvollen Bild, dem Bild von den Engeln, die sie im Auftrag Gottes behüten auf all ihren Wegen und die dafür sorgen sollen, dass sie ihren Fuß nicht an einen Stein stoße, nicht ins Stolpern gerät. Das ist gemeint mit diesem Vers aus dem 91. Psalm: Gottes Güte hat keine Grenzen, und Gottes Wahrheit hat noch mal eine andere, weitere Dimension als all unsere Perspektiven, und wenn wir Anna-Sophie gleich taufen, dann setzen wir eben darauf, dass Gottes Güte keine Grenzen hat, und gehen davon aus, dass Gottes Wahrheit uns beim Orientieren hilft: Und wir hoffen und beten darum, dass sich das auch so als wahr erweisen möge für Anna-Sophie bei all dem, was ihr widerfahren wird an Gutem und an nicht so Gutem in ihrem Leben.

Wenn wir Anna-Sophie gleich taufen, sprechen wir ihr damit also jene große Zusage Gottes zu. Und zugleich nehmen wir sie auf in die Gemeinschaft, in der Menschen sich zu dieser Zusage Gottes verhalten und mit ihr umgehen und ihr vertrauen im Leben und im Sterben. Es ist die Gemeinschaft der Kirche Jesu Christi, in die Anna-Sophie mit ihrer Taufe aufgenommen wird. Und bei allem, was man manchmal auch an Kritik an der Kirche und am Christentum sagen kann und auch muss, so sehr ist es auf's Ganze gesehen sicher nicht die schlechteste Gemeinschaft, in die Anna-Sophie da aufgenommen wird. Es ist immerhin eine Gemeinschaft, die im guten Sinne des Wortes die Welt umspannt, ich selbst habe das bei vielen Reisen in viele Teile der Welt immer wieder beeindruckend gefunden, wo und in wie vielfältiger Form man überall dem christlichen Glauben begegnen kann und wie viele Menschen es offensichtlich in mehr oder minder allen Winkeln der Welt gibt, denen dieser Glaube offenbar wichtig ist und hilft, so wie er nun auch Anna-Sophie helfen soll zum Leben.

Und das gilt ja nicht nur für die Menschen unserer Zeit, die sich in allen Winkeln der Welt zur christlichen Kirche halten, sondern das gilt ebenso, ja noch viel mehr für die Generationen, die vor uns waren und die nach uns kommen werden und die auch alle je in ihrer Weise und je zu ihrer Zeit ihr Vertrauen auf diese große Zusage Gottes setzten und setzen. Unsere Großväter und Großmütter haben gewusst, dass sie sich da was für ihr Leben erwarten konnten, und haben uns taufen lassen, damit Gott einen guten Anfang mit ihren Kindern macht, und ich denke ein bisschen was von diesem generationenübergreifenden Moment kommt heute auch zum Ausdruck, wenn wir Anna-Sophie in der Kirche taufen, in der Katrin 1993 getauft und 2007 konfirmiert worden ist, und in der wir nun die nächste Generation, eben Anna-Sophie, zur Taufe zu bringen. Und man kann diese Kette noch viel weiter rückwärts verfolgen, wenn man will (und ich finde das immer ganz eindrucksvoll), nämlich bis in die Generation der allerersten Christen, die vor knapp 2000 Jahren getauft worden sind, nur dass wir heute nicht im Jordan taufen, sondern in der Kirche und dass bei uns nicht die Jünger und Apostel selbst taufen, sodass man mit Pfarrern oder Professoren vorlieb nehmen muss, in diesem Falle mit mir. Aber Taufe ist Taufe, heute wie vor 2000 Jahren: Seit so langer Zeit gibt es Menschen, die sich von Jesus von Nazareth Gutes für ihr Leben erwarten und die vertrauen wollen auf diese Güte Gottes, uns zu behüten auf all unseren Wegen, damit unser Fuß nicht an einen Stein stoße. Und so ist es nun auch mit Anna-Sophie, auch über ihr steht dieser Zuspruch Gottes. Auch sie gehört dieser Gemeinschaft all derer an, die über Nationen, Sprachen, Generationen, Standesgrenzen hinweg sich von Gott angenommen wissen.

Freilich, auch das ist klar: Eine Garantie, dass Anna-Sophie in ihrem Leben nach unseren Maßstäben alles glücken wird, ist das natürlich nicht. Die Taufe ist keine Glücksgarantie, und manchmal denke ich, es ist wohl auch ganz gut, dass es eine Garantie auf Glück im Leben nicht gibt und nicht geben kann. Wofür es eine Garantie gibt, und eben dafür ist die Taufe gut, ist dies, dass Anna-Sophie, wie alle, die getauft sind, in allen Niederlagen und Erfolgen, in allem Scheitern und Gelingen, in aller Schuld und Vergebung angenommen ist und geliebt und getröstet. Aus dieser Garantie kann ich mein Leben gestalten, so wie die Christen das zu allen Zeiten versucht und getan haben, und auch Anna-Sophie wird das versuchen und tun – und auch wenn sie jetzt noch ganz klein ist, aber ich kann Euch sagen, bis die ihre eigenen Wege im Leben und im Glauben geht, das wird gar nicht mehr so lang dauern. Dass dabei der Geist Gottes um sie sei und dass diese Zusage, die sie heute erhält, ihr hilfreich sein möge, das schenke ihr Gott, der seine Güte an ihr und an uns jetzt und in Zukunft erweisen möge je und je. Amen.

Und der Friede Gottes, der höher ist als all unsere Vernunft, der bewahre unsere Herzen und Sinne in Christus Jesus. Amen.

Impressum

Bibliografische Information der Deutschen Bibliothek

Die Deutsche Bibliothek verzeichnet diese Publikation in der Deutschen Nationalbibliografie; detaillierte bibliografische Daten sind im Internet über http://dnb.d-nb.de abrufbar.

Abb. S. 33: Foto Kathrin Truhard

Lektorat: Ulrich Steinmetzger
Satz: Hans-Jürgen Paasch
Layout, Gesamtgestaltung, Umschlagfoto: Janos Stekovics

© 2017, VERLAG JANOS STEKOVICS
Alle Rechte vorbehalten.

ISBN 978-3-89923-373-5
www.steko.net